Michael Wendel

Blumenkohl mit Schlag

Blumenkohl mit Schlag

von

Michael Wendel

Leander

Jena 2011

Bibliographische Information der Deutschen Bibliothek

Die Deutsche Bibliothek verzeichnet diese Publikation in der deutschen Nationalbibliographie. Detaillierte bibliographische Daten sind im Internet über <http://dnb.ddb.de> abrufbar.

©2011 LEANDER
Druck: Schaltungsdienst Lange oHG, Berlin
Cover: Arkadiusz Dryja
Printed in Germany
ISBN 978-3-9813936-4-4
Internet: www.leander-verlag.de

Inhaltsverzeichnis

Für Bärbel

Vorwort

Von meinen Studenten im kritischsten Moment:

Wenn es einen Glauben gibt,
der Berge versetzen kann,
so ist es der Glaube
an die eigene Kraft.

Marie von Ebner-Eschenbach

Eine im Sommer 2008 erlittene schwere Hirnblutung und deren Folgen führten mich aus mancherlei Gründen an Grenzen. An der Scheide zwischen Leben und Tod bin ich längere Zeit entlang gewandert, ohne mir dessen wirklich bewusst gewesen zu sein. Bestimmte Grenzen, wie geistige und emotionale, habe ich mehrfach erreicht und konnte dadurch meine Gefühls- und Gedankenwelt beträchtlich erweitern. Die Schamgrenze schließlich wurde manchmal so weit überschritten, dass ich um meine menschliche Würde bangen musste.

Zum besseren Verständnis des Buches sei vorausgeschickt: In der Ausnahmesituation einer schweren Krankheit ist das Urteilsvermögen stark beeinträchtigt und führt zu Fehleinschätzungen und unberechtigten negativen wie positiven Urteilen. Alltägliche Situationen werden völlig anders durchlebt und eingeschätzt als es die Therapeutin, die Krankenschwester, der Pfleger oder der Arzt tun würden.

Eine Therapeutin ermunterte mich, meine Gedanken niederzuschreiben, weil sie der Meinung war, meine Reflexionen von Krankheit, Krankenhaus- und Therapiebetrieb seien interessant und wichtig. Reminiszenzen und Reflexionen, nicht Kritik oder Besserwisserei sind mein Anliegen. Schon gar nicht will ich mit der Niederschrift den Klinikbetrieb oder den Therapieablauf genauer beschreiben. Das sollte Fachbüchern vorbehalten bleiben.

Nach meiner Erfahrung rüttelt eine solche Krankheit die Gefühlswelt von Patienten gehörig durcheinander, sofern sie überhaupt noch vorhanden und nicht durch die Krankheit zerstört worden ist. Viele können nicht mehr begreifen und schon gar nicht artikulieren, was in und mit ihnen vorgeht. Grundlegende Veränderungen von Psyche und Physis der Betroffenen verwirren nicht nur, sondern machen Patienten und einigen Angehörigen Angst, die bis hin zu Panik und nicht selten zu schweren Depressionen führt. Vielleicht hilft ihnen dieser Text ein wenig. Manche ihrer intimen Gefühle bleiben im Stress des Klinik- und Therapiebetriebes auf der Strecke. Auch einigen der unmittelbar mit Patienten befassten Personen vermag meine Darstellung eventuell zu besserem Verständnis der Psyche von hilflosen und hilfsbedürftigen Schlaganfallpatienten verhelfen.

Schließlich ist in der Öffentlichkeit in den letzten Jahren mit steigendem Bekanntheitsgrad der Krankheit „Schlaganfall" oftmals der Eindruck entstanden, Patienten seien wegen ihres „liederlichen" Lebenswandels selbst an der Erkrankung schuld. Dieser verallgemeinernden, negativen Auffassung möchte ich entschieden entgegentreten! Die Ursachen des Schlaganfalls sind sehr vielfältig und existieren auch unabhängig vom Willen der Betroffenen.

In den zurückliegenden Jahren hatte ich Kontakt mit vielen Menschen, die sich beruflich mit der Heilung und Rehabilitation von Schlaganfallpatienten befassen. Ich habe fast durchweg positive Erfahrungen mit deren Engagement und

Fähigkeiten gemacht und fühlte mich jederzeit gut und sicher betreut. Dafür bin ich den behandelnden Ärztinnen und Ärzten, den Krankenschwestern sowie dem pflegerischen Personal und allen Therapeutinnen der neurologischen Intensivstation und der Rehaklinik zu großem Dank verpflichtet!

Michael Wendel

Der Schlag

Der Wagen beginnt zu schütteln und so laut zu klappern, dass seine Sirene von innen kaum noch zu hören ist. Ich hätte nicht gedacht, dass ein neuer Mercedes so vulgär klappern kann. „Wir haben die Stadtgrenze erreicht", antwortet der stämmige Mann in der rotgelben Uniform vom Wandklappsitz gegenüber, der mich die ganze Zeit beobachtet hatte, auf meinen fragenden Blick. „Hier sind die Straßen so schlecht, es ist eine Schande", versucht er ein Gespräch. Mir ist nicht nach Sprechen, es interessiert mich auch nicht und ich schließe wieder die Augen. Endlich bremst der Wagen, fährt mit nagelndem Diesel noch langsam eine enge Kurve und hält. Aus dem metallischen Schlagen der Fahrerhaustüren, eiligem Fußgetrappel und lauten Stimmen schließe ich, dass wir das Ziel unserer Fahrt erreicht haben müssen. Die Hecktür wird brutal laut aufgerissen und ein Schwall schwülheißer Luft erobert das klimatisierte Wageninnere. Die Wärme hat mich eingeholt und drückt einer Zentnerlast gleich auf meinen Körper.

Dieser Morgen des 11. Juli 2008 setzte die dumpf schwüle Hitze der vergangenen Tage fort. Zwei Stunden zuvor hatte ich, noch müde, verschwitzt und kaum erholt von den Strapazen des Vortages, mein Bett verlassen. Von der Sonne war im Einheitsgrau des Himmels nichts zu sehen. Das diffuse Licht verstärkte die klebrige Schwüle, die der kleinsten Bewegung einen Schweißausbruch folgen ließ. Auch die Natur schwieg bedrückt, kein Blatt regte sich, und die Vögel hatten ihren Gesang eingestellt. Ein Gewitter schien im Anzug.

Am Abend zuvor war ich spät, müde und mit Kopfschmerzen von der Arbeit in der ehrwürdigen protestantischen Martin-Luther-Universität Halle nach Hause gekommen. Meine Vorlesung und auch das Seminar zur Archäologie und Frühgeschichte der Germanen waren anstrengend, die Räume des Institutes überhitzt, die Luft schlecht und die Studenten entsprechend unkonzentriert gewesen. Anschließend musste ich noch die am Wochenende bevorstehenden schriftlichen Prüfungen ausarbeiten, ehe ich die Heimfahrt über 80 Autobahnkilometer antreten konnte. Mein Ziel, ein kleines Städtchen zwischen alten gefluteten Braunkohletagebauen ist noch nicht lange mein Zuhause. Die Liebe hatte mich erst kürzlich hierher verschlagen. Trotz der grünen und wasserreichen Umgebung kühlte die Nacht kaum ab und brachte keine Erholung. Elisabeth, meine Lebensgefährtin Lisa, verließ an diesem Freitagmorgen schon zeitig die Wohnung. Sie war von ihrer im Nachbarstädtchen wohnenden Schwester zum Frühstück auf der Terrasse im Grünen eingeladen worden. Ich musste nicht ins Institut, freute mich auf einen ruhigen klimatisierten Tag zu Hause und wollte die Arbeit an einem Buchmanuskript fortsetzen. Auch mehrere Tassen starken Kaffees konnten weder die Müdigkeit noch die sich steigernde dumpfe Spannung aus meinem Kopf vertreiben. So beschloss ich schon nach einstündiger Arbeit, mir eine Pause zu gönnen und legte mich auf die Couch, wo ich sofort einschlief. Nachdem ich mich nach der vielleicht halbstündigen Schlafpause wieder berappelt und aufgesetzt hatte, erhöhte sich der Druck im Kopf weiter. Mir war, als wolle der Schädel zerplatzen. „Sicher eine ungewöhnlich hohe Blutdruckspitze", kam es mir in den Sinn.

Seit Jahren wurden mir bei gelegentlichen Blutdruckmessungen Werte jenseits der oberen Grenzen attestiert, die sich im Laufe der Zeit, zunehmenden existenziellen Ängsten und vermehrtem Stress ständig erhöhten. Ärztliche Versuche, den Blutdruck auf einem normalen Niveau zu stabilisieren, scheiterten an der Unverträglichkeit der verordneten Medikamente. Übelkeit und Gleichgewichtsstörungen machten es mir unmöglich, konzentriert zu arbeiten oder Auto zu fahren, geschweige denn meine Lehrveranstaltungen und wissenschaftlichen Forschungen ordentlich durchzuführen. Kurzum, das gesundheitliche Risiko ständig hohen Blutdrucks nahm ich billigend in Kauf, immer der Meinung es könne *mich* ja nicht erwischen. Wer wie ich von Berufs wegen 30 Jahre fast nur im Freien auf archäologischen Ausgrabungen gelebt und gearbeitet und mehrere schwere Krankheiten überstanden hat, den kann nichts mehr erschüttern, dachte ich. Ärztliche Warnungen und Vorhaltungen, etwa derart, dass mir ein Schlaganfall drohe und ob ich denn meine Zukunft als sabbernder alter Mann im Pflegeheim verbringen möchte, hatte ich unter der Rubrik „ärztlich übertriebene Rhetorik" abgespeichert und verdrängt. Mir ging es den Umständen entsprechend gut, ich war auf der Höhe meiner Aufgaben, manchmal etwas cholerisch und eine Spur zu temperamentvoll, aber ohne Beschwerden wie etwa Kopfschmerzen. So brauchte ich meine „arme" überlastete Hausärztin nicht zu behelligen und konnte sie in Ruhe die anderen Patientinnen und Patienten heilen lassen. Überfüllte Wartezimmer mit ihrem besonderen Geruch waren mir zudem schon immer ein Gräuel. Schnupfen, Schnaufen, Stöhnen oder Husten erkälteter Mitbürger zu ertragen, beziehungsweise deren familiäre „Leidens-" und Krankengeschichten aus den letzten 50 Jahren verständnisvoll anhören zu müssen, gehörte nicht zu meinen Leidenschaften.

Plötzlich erfassten unwillkürliche Zuckungen meine linke Hand, anfangs mit längeren Unterbrechungen, die jedoch bald kürzer werdend in einem heftigen Stakkato den linken Arm und schließlich alle Muskelgruppen der linken Körper- und Gesichtshälfte wild schüttelten. So überraschend wie das Gewitter in meinem Körper ausgebrochen war, so plötzlich hörte es nach einigen Minuten wieder auf. Stille. Verwundert und erschrocken schaute ich auf die linke Hand. Die Spannung im Kopf war weg. Mein Körper wurde weich, so weich, als ob er, flüssig und zu Blut geworden, über die linke Seite hinwegfließen wollte. Dorthin kippte auch der Restkörper mit mir. „Aufstehen, du musst sofort aufstehen!", trommelte es jetzt in meinem Kopf, doch nichts gehorchte mehr. Die Beine nicht und die weggeflossene linke Rumpfseite schon gar nicht. Der Versuch endete kläglich, ich kippte nun vollends und wusste sofort, als hätte ich ihn erwartet: „Das ist der Schlaganfall!" und ergeben fatalistisch: „So ist das also, das war's dann wohl!" Etwas anderes als dieser abgedroschene Machospruch fiel mir nicht ein. Gleichzeitig wurde mir sonderbar im Kopf. Meine Seele flatterte wie ein junger Vogel, der vor seinem Erstflug noch einmal die Flugfähigkeit prüft, so als wollte sie mich Richtung Alpha Centauri verlassen. Schon in meiner Jugend fiel mir zum Tod nur der Seelenflug in das viele Millionen Kilometer entfernte Sternbild der Zentauren ein. Die große Entfernung würde die Unsterblichkeit meiner Seele garantieren und ein hübsches kleines Plätzchen zum Ausruhen müsste dort eigentlich auch zu finden sein. Damit hatte ich zwei philosophische Grundprobleme der Menschheit für mich gelöst. Keines der vielen von mir Zeit meines Berufslebens ausgegrabenen Skelette hatte meinen Thesen zum Seelentransport nach dem Tod jemals widersprochen. Das hatte mir schon früh eine gewisse philosophische Sicherheit und seelische Ruhe gegeben sowie die Angst vorm Tod genommen. Leider konnte ich ein entscheidendes Moment dieses Problemkreises nie klären: Das Mitreisen geliebter Menschen bzw. ein Wiedersehen mit ihnen nach dem Tod schien mir im früheren Verlauf der menschlichen Entwicklung eigentlich schon fast gelöst. Bei nicht wenigen Primitivvölkern durften Witwen, Bedienstete, Hunde, Katzen und Pferde mehr oder weniger freiwillig mit ins Grab oder auf den Scheiterhaufen steigen, um von dort die letzte große Reise gemeinsam mit ihrem teuren Verstorbenen antreten zu können. Allerdings bin ich mir heute im fortgeschrittenen Alter nicht einmal mehr sicher, ob ich derartige Nostalgietreffen „dort oben" überhaupt wollte oder ertragen könnte! Es ist zum Beispiel schwer vorstellbar, die gesamte Ewigkeit mit meiner über alles geliebten Mutter harfespielend auf Alpha Centauri verbringen zu müssen.

Aber zurück zum Scheiterhaufen: Irgendwann musste es im Fortgang der weiteren Menschheitsgeschichte entweder unlösbare logistische Schwierigkeiten mit den Sammeltransporten von Seelen nach Alpha Centauri, eher aber eine fundamentale Glaubenskrise gegeben haben, denn spätestens der christlichen Missionierung folgte das strikte Verbot von Mehrfachbestattungen und Witwentötung. Bei Todesstrafe!!

Ich fühlte nun nichts mehr auf meiner Couch, war völlig abwesend, befreit vom Druck und Stress der letzten Wochen und Jahre. Es war eine ultimative Absolution, die mich aller Verpflichtungen entledigte und von Schuld befreite. Meine Hoffnungen und Wünsche zerflossen im Nichts, es gab keine Geheimnisse mehr. Die letzte Wegstrecke meines Lebens lag klar und hell gleißend vor mir. Die Nebel der Zukunft hatten sich gelichtet. Ganz ruhig wollte ich nur noch liegen bleiben und meine Seele frei fliegen lassen. Angst und Panik blieben zurück. Es schien vorbei und ich war froh darüber. Flieg' doch Seele, flieg'! Die Hoffnung auf die Verheißungen der Zukunft waren mir zeitlebens Existenzgrundlage und Lebensziel. Die

Gegenwart konnte ich nie genießen, weil sie immer nur ein kurzer Moment auf dem Marsch zum Erhofften war, der später, manchmal erst viel später, wenn schon halb vergessen, bemessen und beurteilt werden konnte. Ganz gleich wie, aber ich war endlich angekommen, befreit von der drückenden Schwere des Lebens. Nichts ängstigte oder schmerzte, nichts blieb mehr zu bereuen, alles war abgegolten. Eine große Welle der Erleichterung überflutete meinen nach links geneigten, halb schwebenden, halb liegenden Körper. Alles, was war und was kommen würde, hing nicht mehr von mir und meiner eigenen Kraft ab. Es war der Moment von Erkenntnis und Klarheit, nach dem sich jeder sehnt. Es gab nichts zu hadern und schon gleich gar nichts mehr zu ändern. Mein Schicksal hatte entschieden. Alles war gut und ich war bereit: Die Seele konnte mich verlassen und frei fliegen!

Ein erneuter Versuch, meinen Restkörper zum aufrechten Sitzen zu bewegen, scheiterte kläglich. Links fühlte ich überhaupt nichts mehr. Jetzt schaltete sich mein Gehirn wieder ein, um mich zum Leben, zur Verantwortung zu ermahnen: „Du musst anrufen! Denk an Lisa! Du darfst nicht aufgeben, dich nicht einfach so in ihrer Abwesenheit davonschleichen!" Meine Augen suchten verzweifelt ein Telefon. „Oh Gott, wo sind die Telefone? Wenn die Handstücke in ihren Schalen stecken, komme ich nie dahin. Dann muss ich warten bis Lisa zurück ist. Das kann dauern." Mein Blick schweifte weiter suchend durch den Wohnraum. Keine Spur eines Telefons. „Lieber Gott hilf! Hilf dieses eine Mal! Bitte, es ist für Lisa!" Dann sah ich es, halb verdeckt durch die Illustrierte, auf dem Couchtisch. Ich hatte Glück oder der liebe Gott hat entgegen seiner Gewohnheit doch geholfen, denn es war Lisas Telefon mit der eingespeicherten Kurzwahl ihrer Schwester. Ich musste es wohl mitgenommen haben, als ich mich hingelegt hatte, um es im Falle ihres Anrufs gleich zur Hand zu haben. „Lisa, mir geht es nicht gut, kannst du bitte nach Hause kommen?", gurgelte ich in den Hörer. Meine eigene Stimme schien bereits aus dem Orkus zu kommen, so fremd klang sie. Lisa hatte mich trotzdem verstanden und nach kaum 15 Minuten hörte ich die Wohnungstür klappen. Sie kam direkt zur Couch, strich mir mit ihrer warmen, weichen Hand über Kopf und Gesicht, sprach mich an, schaute mir in die Augen und sagte mit freundlicher Miene, beherrscht und ohne Panik: „Ich rufe den Rettungsdienst!" „Ja, aber sag' bitte gleich am Telefon, dass es ein Schlaganfall ist, dann kommen sie schneller", versuchte ich mich verständlich zu machen. Und richtig, nach nicht einmal 10 Minuten klingelte es heftig. „Die Ärztin kommt", sagte Lisa, während sie noch am Fenster stand.

Von diesem Moment an sind meine Erinnerungen, durch die von der Ärztin reichlich verabreichten Sedativa gedämpft, zerrissene Nebelfetzen aus den Tiefen meines Hirns – nicht mehr sehr zuverlässig. Alles ging schnell und ich, das Objekt der Aufmerksamkeit, saß beziehungsweise lag still, schief und völlig unbeteiligt dabei. Mein Gehirn hatte mit Lisas Ankunft wieder abgeschaltet, als gingen mich die geschäftigen Menschen, die nur wegen mir in unserer Wohnung waren, nichts an. Eine blonde Frau mittleren Alters beugte sich über mich, sprach mich an, fragte, wie ich mich fühle, leuchtete mir mit einer kleinen, aber sehr hellen Stablampe in die Augen und legte dann die Manschette des Blutdruckmessgerätes um meinen Arm. Sie musste die Ärztin sein, denn während sie in ihrem Koffer kramte und nach ihrem Stethoskop suchte, wies sie den Fahrer an: „Rufen sie bitte sofort die Stroke Unit an, wir brauchen dringend und schnell ein Bett! Das ist ein schwerer Schlaganfall!" und „Der Mann ist völlig klar!" „Jetzt habe ich es amtlich", ging es mir nicht ohne eine gewisse Zufriedenheit über meine exakte Selbstdiagnose durch den Kopf. Lisa kam von der Straße, wo sie auf den Rettungswagen gewartet hatte. Hinter ihr schoben sich noch drei Sanitäter in den Korridor. Unsere Dachwohnung war nun voller Menschen in roten Anzügen mit gelben Streifen.

Nachdem die Ärztin den Blutdruck abgelesen hatte, leuchtete sie mir wieder, diesmal mit erkennbar besorgtem Blick in die Augen. „Mein lieber Mann", hörte ich sie sagen, „240/110 Blutdruck ist mehr als sie vertragen können." Dann zog sie mehrere Spritzen auf und während sie mir diese injizierte, lobte sie unser Wohnzimmer: „Sie haben aber eine schöne Wohnung. Und so viele Bücher. Was sind Sie denn von Beruf? Dass es hier in dem Ort so gut eingerichtete Wohnungen gibt, hätte ich nicht für möglich gehalten", flüsterte sie mir dann noch nett, aber irgendwie verschwörerisch ins Ohr.

„Stroke Unit erwartet uns!", rief ihr der Mann mit dem Handy zu. „Na dann los!", antwortete sie, „ich bin fertig." Dann wuchteten die Männer, die Ärztin und Lisa meine 120 kg Lebendgewicht von der Couch in ein Tragetuch und trugen das, was von mir übrig geblieben war, unter lauten Kommandos, Anweisungen und Gestöhn das enge Treppenhaus hinunter in den Krankenwagen, einen, wie mir schien, funkelnagelneuen Mercedes. Der stämmige Sanitäter nahm mir gegenüber auf einem Wandklappsitz Platz, lächelte mir freundlich zu und ließ mich von da an nicht mehr aus den Augen. Noch ein letztes metallisches Türenklappen am Fahrerhaus und los ging es mit Blaulicht und Sirene in die Stroke Unit.

Im Stoffabteil

Von meinem zehntägigen Aufenthalt in der Intensivstation sind mir heute, da ich das Ganze ein knappes Jahr nach den Geschehnissen niederschreibe, nur noch durch starke Medikamente getrübte Erinnerungen geblieben. Ereignisse und handelnde Personen mischten sich mit meinen Fieberphantasien, die Wahrnehmungen der realen Welt versanken im Unterbewusstsein und nisteten sich in meine Gedankenwelt ein. Nur dank Lisas Hilfe, die mich an jedem einzelnen Tag meines insgesamt viermonatigen Aufenthaltes erst im Krankenhaus und später in der Rehaklinik besuchte, gelang es, einige der eindruckvollsten Momente aus dieser Zeit wieder wahrheitsgetreu ins Gedächtnis zurückzurufen. Lisa und die Ärzte bescheinigen mir, sofern ich ansprechbar und nicht von meinen irren Fieberphantasien heimgesucht wurde, geistige Klarheit und vollen Verstand. Auch der Entlassungsbericht sagt nichts anderes aus. Diese Feststellung ist für das Verständnis des Folgenden wichtig, weil ich selbst heute noch nicht immer sicher Wahn von Wirklichkeit, meine Träume und Phantasien von den realen Geschehnissen jener Zeit trennen kann.

Das Ausladen im Krankenhaus geschieht schnell und routiniert, unter viel metallischem Geklapper und dem Lärmen der Leichtmetallräder der fahrbaren Bahre auf hartem Boden. Drei Sanitäter schieben mich rennend durch einen dunklen Korridor und wir passieren ein Empfangskomitee von Krankenschwestern. „Da kommt wieder einer mit dem Bauch voran!", werde ich begrüßt und: „Sofort ab ins MRT!" „Magnetresonanztomograph", löse ich die Abkürzung des schwierigen Wortes für mich auf und bin stolz, dass ich mich dessen noch entsinnen kann: „Aber", denke ich, „dort ist es sehr eng. Hoffentlich überstehe ich das." Das riesige weiße oder elfenbeinfarbene Gerät, das da mit seiner hufeisenförmigen Öffnung auf mich wartet, scheint mich fressen zu wollen. Wie ich muss sich auch der biblische Jonas angesichts des Walfischmauls gefühlt haben, bevor es ihn verschlang. Noch eine oder mehrere Injektionen und ich werde von Schwestern mit den gleichen, mir nun schon bekannten „netten" Bemerkungen über die Fülle meines Körpers auf die sehr schmale Liege des Gerätes gehoben. Mein Körpergefühl sagt mir, dass ich nur mit der rechten Körperseite aufliege, die linke dagegen in der Luft hängt. Das beängstigende Gefühl konnten schon die festgezurrten, mich auf die Bahre im Auto pressenden Gurte nicht verdrängen. Jede Kurve, jeden Augenblick drohte ich nach links herunter zu fallen. Nach einigen beruhigenden Bemerkungen legt mir die Assistentin einen Gummiball in die Hand, den ich im Fall von Panik drücken soll, und ab geht es auf der Laufschiene in die Röhre, die zu meiner Überraschung und grenzenlosen Erleichterung nur ein kurzer Torbogen und kein Tunnel ist. „Keine Gefahr!", kann ich gerade noch denken, bevor der Apparat schon wie eine Höllenmaschine zu lärmen, brummen und vibrieren beginnt, als wolle er jeden Moment explodieren. Einen Augenblick bin ich versucht, den Ball in meiner rechten Hand zu drücken und schwesterliche Hilfe in Anspruch zu nehmen, was aber die Reste meines männlichen Stolzes und ruhiges Durchatmen im letzten Moment verhindern. Endlich ist wieder Stille, die Liege fährt heraus und ich erfahre, dass ich eine beträchtliche Blutung im Stammhirn, rechts in den tief gelegenen Stammganglien, mit Ventrikeleinbruch habe.

V e n t r i k e l e i n b r u c h – das gefährliche Wort beunruhigt mich. Was auch immer es bedeutet, ich weiß es nicht, muss mich dann erst einmal schlau machen, aber es klingt böse und sehr bedrohlich. Mit dem Wort würde ich zum Star jeder Hypochonderparty werden, falls ich je eine erleben sollte! Unser netter, über siebzigjähriger Onkel Gottlieb hatte irgendwann in seinen jüngeren Jahren, Mitte des vorigen Jahrhunderts, eine Gallenblasenoperation, die er bei jeder Gelegenheit, sei es in Unterhaltungen bei Tisch, in der Kneipe, auf der Straße oder in seinem Garten, vornehmlich aber bei Familienfeiern mit größerem Publikum, thematisiert. Lisa und ich wetten manchmal vor Begegnungen mit dem liebenswürdigen, gallenoperierten, älteren Herrn, wie viel Zeit vergehen wird, ehe er darauf zu sprechen kommt. Je älter wir werden, desto kürzer wird die Wartezeit bis zum Beginn seines fast schon akademischen Vortrages, der mit den ersten lebensgefährlichen Symptomen beginnend, schnurstracks zur komplizierten und aufwändigen Operation nicht durch irgendeinen Arzt, sondern den Professor, ja *den* „Gallenpapst", überleitet. Natürlich veranschaulicht das „Herzeigen der gefährlichen Narbe" seine Schilderung ungemein, macht sie plastisch und nachvollziehbar, und wir alle im Kreis mausern uns flugs zu medizinischen Koryphäen auf dem Gebiet der Gallen- und Blasenchirurgie. Jetzt kann ich endlich mithalten: „Ventrikeleinbruch"! Was für ein bedrohliches Wort für das Eindringen von Blut in die Hohlräume des Stammhirns, die sogenannten Ventrikel. Das schlägt jede Gallenoperation, mag sie noch so kompliziert und lebensbedrohlich gewesen sein.

Nach dem erneuten Umladen auf ein fahrbares Bett werde ich auf einem breiten Korridor der Intensivstation, dessen eine Längshälfte mit weißen Vorhängen in rechteckige Abteile oder auch Zellen geteilt ist, abgestellt. Ich bin so müde, dass ich sofort einschlafe. Irgendwann wache ich auf und bemerke, wie sich mehrere Schwestern an mir zu schaffen machen. Sie drücken und zerren an meinen Gliedmaßen, ziehen mir die Kleidung aus und eines jener erotischen Krankenhaushemdchen mit dem modischen Schlitz an, das Rücken und Po freilässt. Dann heben, schieben und rollen sie mich seitwärts in ein Spezialbett. In einem der befensterten Stoffabteile mit begrenztem Ausblick auf einen tristen Hof schließen sie mich mit Schläuchen und Kabeln an die imponierend reichlich vorhandenen Apparaturen, Computer, Bildschirme, Infusionsflaschen usw. an. Erschöpft schlafe ich sofort wieder ein. Später kommt der Oberarzt, ein scheinbar altersloser, drahtiger Mann mit Halbglatze und randloser Brille, zur Anamnese, dem Aufnahmegespräch. Von diesem Gespräch ist mir nichts in Erinnerung geblieben, denn ich schlafe sofort wieder ein. Irgendwann höre ich von außerhalb meiner Stoffzelle eine ältere Frau immerzu und sehr laut nach einer Schwester rufen, jammern und zu meiner Überraschung auch deftig fluchen: „Verdammt noch mal, hört mich denn hier niemand, ich muss mal pinkeln!" Gerade wollte ich nach der Schwester klingeln, um der armen Frau zu ihrem natürlichen Bedürfnis zu verhelfen, als sich eine beruhigend leise, junge Frauenstimme vernehmen lässt: „Aber Frau Frommelt, bitte beruhigen sie sich. Ich bin doch da! Lassen sie ihrem Urin ruhig freien Lauf, Sie haben einen Katheter." Kaum ist die Schwester weg, erschallt es von Neuem. „Schwester! Schwester! Ich muss mal. Verflucht, bin ich denn hier ganz allein?" Dann geht das Rufen in Wimmern und Jammern über, dem alsbald lautes Geheul folgt. „Jetzt ist es passiert", fühle ich mit. Wieder die beruhigende junge Stimme: „Es ist nichts, Frau Frommelt, sie haben einen Katheter und brauchen einfach nur loszulassen." So geht das längere Zeit hin und her. Frau Frommelt

16

flucht wie ein sächsischer Pferdekutscher, heult und schreit immer mehr und die Schwester versucht verzweifelt, sie zu beruhigen. Erst viel später in der Reha begreife ich: Auch das laute Schreien, ein wolfsähnliches Heulen, Jammern, ordinäres Schimpfen und Fluchen müssen nicht unbedingt Folge einer Demenz, sondern können auch die eines Schlaganfalls sein. Ich werde zusehends nervöser und unruhiger. Irgendwann schweigt Frau Frommelt. Aber nun hat sie es geschafft und jetzt muss ich auch ... Ihr Jammern hat den Drang bei mir ausgelöst. Zugutehalten muss ich der lauten Frau, dass sie das bestimmt nicht beabsichtigt hat. Trotzdem höre ich zum ersten Mal in meinem Leben eine Frau so vulgär fluchen und heulen. Jetzt aber muss ich meinerseits dringend eine Schwester um Hilfe bitten, also läute ich Sturm. Natürlich kommt es so, wie es keinesfalls sollte: Ausgerechnet die hübscheste und jüngste aller Schwestern, so scheint es mir jedenfalls, betritt mein Stoffabteil. Wie gut kann ich mit einem Mal die unbekannte Frau Frommelt verstehen, als die Schwester auch mir eröffnet, dass ich bereits einen Katheter habe und mir keinen Zwang aufzuerlegen brauche. Da hatte ich wohl etwas verpasst! Vor dem Einführen eines Blasenkatheters in die Harnröhre habe ich Angst, seitdem ich weiß, dass es so etwas in der Medizin gibt. Deswegen wusste ich es in den vergangenen 60 Jahren standhaft zu vermeiden, mich urologisch untersuchen zu lassen. „Mein Gott, wann ist der Katheter nur eingeführt worden? Das muss doch weh getan haben und ich habe nichts mitbekommen! Sicherlich haben die mich irgendwie betäubt. Aber wie geht es jetzt weiter, darf ich pressen oder kann ich *es* einfach laufen lassen?", jagen sich meine Gedanken ängstlich und „wie" geht das? Das Verständnis für die Klagen von Frau Frommelt steigert sich weiter, so, dass ich am liebsten mit ihr in kollegialen Erfahrungsaustausch getreten wäre. Bei der Schönen nachzufragen, geht wohl zu weit. Sie liest mir die pure Verzweiflung vom Gesicht ab, als sie mit der gleichen leisen und sanften Stimme sagt: „Tun Sie einfach so, als wären Sie auf der Toilette." Ich tue so ... „Na bitte, geht doch ...!" und schlafe gleich wieder ein, bis mich eine warme weiche Hand mit dem mir gut bekannten zarten Vanilleduft weckt. Lisa, meine Rettung, die mich sanft küsst, hat sich für den ersten Krankenhausbesuch des Beistandes ihrer Schwester Moni versichert. Beide Frauen mustern mich erst mal eingehend und sind augenscheinlich zufrieden, denn ich lebe noch. Dann werde ich zu meiner großen Überraschung gelobt, wie gut ich doch aussehe und dass meine Gesichtszüge keine hässlichen Spuren des Schlaganfalls aufweisen. Noch schlaftrunken und von Medikamenten sichtlich verwirrt, schaue ich die blonden Schwestern an, bei deren Anblick ich an zwei Elfen denken muss, die wohl aus ihrem Reigen auf dem Bild über dem gewaltigen Bett von Lisbeth und Arthur, meinen Großeltern aus der Leipziger Eisenbahnstraße, entsprungen sind. Trotz aller überirdischen Gefühle und Elfenträume, die mich in diesem Moment gefangen nehmen, meldet sich mein Magen, der seit dem frühen Morgen nichts mehr zum Verdauen bekommen hat. Mittlerweile ist es später Nachmittag, wie Lisa auf meine Nachfrage Bescheid gibt. Uhr und Brille hat man mir abgenommen und mein Zeitgefühl scheint auch gelitten zu haben. Moni, Lisas Schwester, stürzt los, um etwas Essbares für mich zu ergattern. Sie kommt mit einer Schüssel und dem Arzt zurück, der mich sorgenvoll betrachtet: „Wir bekommen ihren Blutdruck nicht geregelt, der spielt weiter verrückt. Ihre Blutung ist nur schwer zu stoppen. Eine Operation ist leider ausgeschlossen, da sich die betroffenen Gefäße sehr tief im Stammhirn befinden. Wir können deshalb auch nicht das ihre Gehirnzellen

18

zerstörende Blut abpumpen und müssen hoffen, dass es ihr Hirn selbst schafft, die Flüssigkeit abzutransportieren. Hoffen Sie mit, dass wir die Blutung schnellstens in den Griff bekommen." Mit ernstem Blick reicht er mir den farbigen Ausdruck des MRT-Bildes vom Vormittag. Ich starre verwundert auf das Blatt Papier. Ist es nun der Hunger oder narrt mich mein blutendes Gehirn schon wieder: Abgebildet ist ein schmutzig weißer, mit dunkelrotbrauner Bratensauce übergossener Blumenkohl, offenbar ein Schnitt durch mein Gehirn. Ein trauriges, aber zugleich beeindruckendes Bild. Wahrscheinlich haben einige Düsen des Druckers gestreikt, denn die Farben auf dem Bild scheinen mir miserabel – trotzdem oder gerade deswegen erschreckend. Leider gelingt es mir trotz einiger ernsthafter Versuche nicht, es meiner persönlichen Kollektion medizinischer Devotionalien, wie Röntgen- und computertomographischen Bildern, EKG- und EEG-Kurven oder Arztberichten aus meinem Leben, die ich hier und da in meinen Besitz überführt habe, einzuverleiben. Dazu bin ich wohl noch nicht wach und clever genug. Schade, es wäre eine wertvolle Trophäe gewesen. Aber jetzt möchte ich wissen, was sich in Monis Schüssel befindet. Dem Gehirn kann ich im Moment ohnehin nicht helfen. Der Arzt wird es mit seinen Computern und Infusionen schon richten. Mein Magen will versorgt sein und siehe da, Moni, das Seelchen, hat mir, ganz profan, vom Mittag übrig gebliebene, aufgewärmte Möhrensuppe mitgebracht. Das Gericht aus der Familie der Eintöpfe, das ich wegen seiner Zutat an fettem Fleisch schon als Kind nie gemocht hatte, musste ich letztmalig Anfang der 50er Jahre des vorigen Jahrhunderts im Kindergarten unter der Aufsicht gestrenger evangelischer Schwestern in gestärkten und fehlerfrei gebügelten weißen Schürzen essen! Eine Wiederbegegnung hier in diesem, mit modernster Medizintechnik vollgestopften

Stoffabteil und unter diesen Umständen wäre das Letzte gewesen, was ich mir selbst in meinen abwegigsten Phantasien hätte vorstellen können. In allen bisherigen Albträumen, die mein Gehirn des Nachts manchmal produziert, hat Möhreneintopf noch nie eine Rolle gespielt. Gott sei Dank kann ich fettes Fleisch nirgendwo entdecken und auch die Bouillon riecht ganz appetitlich. Lisa füttert mich und alles ist leidlich gut. Da die Möhren aber geraspelt und nicht, wie ich das kenne, in runde Scheiben geschnitten sind, bleiben mir einige Raspeln im Hals stecken, was zu heftigen Hustenattacken führt. Trotzdem wird die Schüssel leer. Zu diesem Zeitpunkt kann ich noch nicht ahnen, dass mich in den nächsten Wochen und Monaten der neurologischen Reha ähnlich antiquierte kulinarische Überraschungen aus dem letzten und vorletzten Jahrhundert erwarten, die ich schon längst für ausgestorben, beziehungsweise das Wissen um ihre Zubereitung mit dem Tod meiner gütigen Oma Lisbeth verloren glaubte. Vielleicht beginnt hier in den neurologischen Krankenhäusern und Kliniken eine Renaissance der sächsischen Armenküche aus den Gründerjahren des Industriekapitalismus.

„Bring mir bitte das nächste Mal den SPIEGEL mit!", verabschiede ich mich von Lisa. „Dein Mann ist aber eitel!", höre ich ihre Schwester beim Herausgehen sagen. „Nicht genug, dass wir ihm gesagt haben, wie gut er aussieht, jetzt braucht er auch noch `nen Spiegel." Das ist das ernüchternde Ende vom Besuch der hübschen Elfen. Ich bin wieder in der realen Welt einer neurologischen Intensivstation angelangt und fühle mich von der eigenen Verwandtschaft verkannt!

Fieberphantasien und merkwürdige Begegnungen

Die Besuchszeit ist beendet und die beiden Schwestern sind gegangen. Ich liege wach und mit mir allein im Bett. Halt! Nicht, dass ich die Unwahrheit sage: Ich habe meinen linken Arm und das linke Bein ungebeten zu Gast. Die wollen sich wahrscheinlich wieder bei mir einschleimen! Jetzt erst registriert mein Bratensaucenhirn auch die mannigfaltigen Geräusche der Apparate hinter mir und aus den Kabinen in meiner Nähe. Jeder Tropfen aus den Infusionsflaschen wird auf seinem Weg in meinen Körper durch einen Signalton quittiert. Piep wieder einer, piep der nächste. Immer weiter tags und nachts: Piep, piep, piep, piep. Ist die Flasche leer, ruft ein durchdringender Alarmton die Schwester zum Austausch. Über- oder unterschreiten meine Vitalwerte den Normbereich, ertönen andere Sinale. Jeder Alarmton wird vom Aufleuchten eines grünen, blauen, roten oder gelben Signallämpchens begleitet. Die ernst besorgten Gesichter meines Besuches, des Arztes und der Krankenschwestern beunruhigen mich im Augenblick nicht sonderlich. Also beginne ich mit der Inventur meines Körpers und einem Check seines Befindens. Das Wichtigste: Schmerzen habe ich keine – und hatte bislang auch keine gehabt. Wenn das eine Gehirnblutung sein soll, dann wünschte ich mir, daran zu sterben, wenn es soweit ist. Nicht einmal ahnen kann ich, wie makaber nahe ich in diesem Augenblick dieser Wirklichkeit bin. Erst viel später habe ich erfahren, dass ich an diesem ersten und den Folgetagen dem Tod näher war als dem Leben. Wenngleich meine gesamte linke Seite gelähmt und ohne Gefühl ist, scheint ansonsten körperlich alles in Ordnung. Die linke Gesichtshälfte ist gefühllos wie nach einer örtlichen Betäubung beim Kieferchirurgen. Merkwürdig fremd und schlaff liegt der linke Arm mit seiner dicken aufgequollenen Hand auf der Bettdecke. Während der rechte Arm mit seinen Kanülen und Schläuchen fleißig an der Erhaltung meiner Lebensfunktionen mitarbeitet, taugt dieser Nichtsnutz nicht einmal zur Blutentnahme. Seine dicke, warme Trägheit erbost mich. Ich entschließe mich, ihn mir sofort aus den Augen zu schaffen und unter der Bettdecke verschwinden zu lassen. Natürlich weiß ich, dass er gelähmt und demzufolge auch ohne Sensibilität ist. Aber hat er es nicht selbst verschuldet mit seinen sezessionistischen Bestrebungen? Das seltsame Gefühl von Fremdheit, ja fast schon Ekel, das ich beim Anfassen meiner eigenen Hand empfinde, überrascht mich daher wenig. Arm und Hand fühlen sich wie fremde, unangenehm warme, dicke Fleischstücke an, die sich hier in meinem Bett herumtreiben. Wenn ich es nicht durch eine sofortige Kontrolle von der Schulter bis zur Hand besser wüsste, könnte ich in diesem Augenblick jede Wette abschließen, dass *diese* Hand, die ich vielleicht schon hundert- oder tausendfach im Leben berührt haben mag, nicht meine eigene sein kann. „Ich bin verrückt geworden!“, ist das erste Fazit meines Checks: „Natürlich ist das meine Hand!“

Auch das linke Bein, dessen Fuß gleichfalls aufgequollen ist, lümmelt schwer und bewegungslos im Bett, als wolle es nicht zu mir gehören. Das Bratensaucenhirn drängt mir den absurden Vergleich des unerwarteten und plötzlichen Schlaganfalls vom Morgen mit einem Attentat auf. Nein, nicht das auf den hoffnungsvollen jungen amerikanischen Präsidenten J. F. K.

im Jahr 1963, dessen Tod selbst wir im Osten beweint haben, sondern das von Sarajevo 1914, das zum Auslöser für den Ausbruch des 1. Weltkrieges wurde. In dessen Folge wurde die alte nationalstaatliche Ordnung Europas zerstört und im Ergebnis fast alle Grenzen neu geordnet. Die Folgen sind noch heute im 21. Jahrhundert zu spüren. Die Ganzheitlichkeit meines Körpers scheint mir ähnlich gefährdet wie unser alter Kontinent nach diesem Krieg. Wie sich damals die Balkanländer von der alten kaiserlichen und königlichen Monarchie getrennt haben, scheint auch meine linke Körperhälfte nicht mehr mir gehören zu wollen.

Aber wie hieß bloß der Attentäter, dieser serbische Student, der den österreichischen Erzherzog und Thronfolger Franz Ferdinand 1914 erschoss? Mir fallen nur all die serbischen Stefans ein, mit deren Wirken und Taten ich meine Studenten traktiert hatte: Stefan Boislav?, Stefan Dushan?, Stefan Nemanja? ... Nein, nein, das waren Großfürsten und Könige aus der „großserbischen Zeit", dem 11.–14. Jahrhundert. Da gab es noch keine studentischen Attentäter, sondern nur Volkshelden, die im sangesfreudigen Serbien in Liedern und Balladen besungen werden. Mein Gott, wie hieß der doch bloß? Ich grüble und grüble: Der Name war doch eigentlich ganz einfach, aber hier zwischen den weißen Stoffvorhängen und piependen Computern will er mir partout nicht einfallen. Ich muss Lisa benachrichtigen, dass sie ihn mir heraussucht. Nun aber, da ich diesen Namen trotz intensiver Marterung meines Gedächtnisses nicht abrufen kann, wächst der Zweifel an der Funktionstüchtigkeit meines Gehirns weiter. Ich muss das ganz schnell überprüfen. Also: die wichtigsten Schlachten und Daten der Völkerwanderungs- und slawischen Kolonisationszeit. Gott sei Dank, ich kenne sie noch alle. Jetzt meine PINs, Kreditkartennummern und Passwörter. Auch das geht wie geschmiert. „Scheint ja noch alles in Ordnung im Oberstübchen", kann ich mir selbst die Befriedigung über meinen Geisteszustand nicht verhehlen, als mich schon wieder der entfallene Name des serbischen Attentäters, der meine linke Körperhälfte erschossen hat, quält.

„Absurd" ist das Mindeste, was mir einfällt, wenn ich meine gegenwärtige Situation bedenke. Es wird Nacht. Bunte Lichtfetzen, Widerschein der farbigen Lämpchen, des matten Flimmerns der Bildschirme und des Oszillierens der auf ihnen angezeigten Kurven und Werte huschen durch mein Stoffabteil und über mein Bett. Mit einer schweren Gehirnblutung liege ich hier auf der Intensivstation, überwacht vom Neuesten an computergestützter Technik der Neuromedizin des 21. Jahrhunderts und zermartere mir meine blutigen Stammganglien und die mit Blut verfüllten Ventrikel über einen Anfang des 20. Jahrhunderts an Tuberkulose verstorbenen serbischen Attentäter, dem ich, verrückt geworden, die Schuld an den sezessionistischen Bestrebungen meiner linken Körperhälfte anlaste. „Total plemplem", pflegte meine alte, im Pflegeheim wohnende Mutter zu sagen, wenn sie selbst bemerkte, dass sie wieder einmal verwirrt war. Ich beschließe, meine Gedanken zu disziplinieren und die quälende Suche vorläufig einzustellen. Es gelingt mir nicht. Immer wieder taucht das Bild des jungen Attentäters mit der Studentenmütze auf, wie er, auf einem alten Stich dargestellt, unmittelbar neben dem offenen Automobil des Thronfolgerpaares stehend, aus nächster Nähe, mit der Pistole in der Hand des ausgestreckten Armes, auf den Erzherzog zielt. Patsch, patsch höre ich das Peitschen der beiden Schüsse, die meine linke Körperhälfte treffen und mich auf der Couch nach links umwerfen. Dann wieder und immer wieder: patsch, patsch, bis alles in einen blutigen Strudel gerät, zu rotieren beginnt, sich schnell und schneller dreht und dreht bis mir schwindelig wird und ich nur noch in einen großen, maßlos hungrigen Strudel aus dunkelrotem, fast bräunlichem Blut sehe, der alles frisst und in den auch ich, um mein Leben kämpfend, hineingesaugt werde, begleitet von den beiden Schüssen, die mich verletzt haben. Immer wieder: Patsch, patsch …, zwei Schüsse, schnell nacheinander abgefeuert, und ich drohe im breiigen Blutstrudel meines Hirns zu versinken. Ich sehe, wie die Erzherzogin erschrocken und ängstlich beide Arme in die Luft wirft und der Thronfolger, am Hals getroffen, in sich zusammensinkt, patsch, patsch … und ich? Ich kippe auf der Couch der Marke „Stressless" nach links.

Obwohl die Schwester noch einmal nach dem Rechten gesehen hat, finde ich in dieser Nacht keine Ruhe. Am Morgen des zweiten Tages habe ich hohes Fieber, nach dessen Ursache auch noch gesucht werden muss. Eine im Bett auf der Station gemachte Röntgenaufnahme lässt eine veritable Lungenentzündung erkennen. Eine zusätzliche Baustelle, die mich aber nicht weiter beunruhigt. Bis auf den gesuchten Namen des Attentäters ist mir im Augenblick alles egal. Aber auch dieses Problem wird gelöst: Der blutige Strudel in meinem Kopf hat seinen Namen aus den Tiefen meines Gedächtnisses empor gespült. Endlich: Gavril, Gavrilo Princip, bosnischer Serbe, Mitglied der Vereinigung nationalistischer Bosniaken, der „Jungbosnier", die eine Loslösung Bosniens von Österreich anstrebten. Mein Geisteszustand scheint in Teilen noch einigermaßen intakt zu sein! Langsam komme ich zur Ruhe.

In den folgenden Tagen nimmt der Krankenhausalltag von mir Besitz. Versüßt wird er durch die jungen Schwestern, die sich mit mir abmühen und natürlich Lisas tägliche Besuche. Die Krankenschwestern sind eine wahre Augenweide für einen alten Zausel mit Stammhirnblutung, Ventrikeleinbruch und

Lungenentzündung! Bei *den* Frauen, die das blühende Leben selbst verkörpern, kann man gar nicht sterben wollen. Vielleicht ist das auch so gewollt? Wenn ja, dann gilt mein Dank noch heute dem Personalchef der Klinik für den Geschmack und die glückliche Hand bei der Auswahl der Bewerberinnen und natürlich den wahrhaft barmherzigen Schwestern, die tags und nachts da sind und immer schnell an meinem Bett erscheinen. Körperpflege, denn ich bin ja halbseitig gelähmt, Essen reichen und füttern, Versorgung mit Medikamenten, Bedienung der komplizierten Apparaturen, Schläuche umstecken, Flaschen auswechseln, ein paar nette Worte zur rechten Zeit – das ist nur eine kleine Auswahl ihrer täglichen und nächtlichen Aufmerksamkeiten, die mir Abwechslung in mein fiebriges Dasein bringen. Von lesen kann keine Rede sein. Zeilen, Wörter und Buchstaben verschwimmen vor meinen Augen oder ich sehe sie doppelt und kann ihren Sinn nicht erfassen. So bleibt auch der SPIEGEL und mit ihm die ganze komplizierte Welt außen vor. Ich will davon nichts mehr wissen. Es gibt im Moment Wichtigeres: Beim Schiebern beispielsweise, einer für mich wahrhaft peinlichen Angelegenheit, verfluche ich den Personalchef für seine Auswahlkriterien. Immer wieder versuche ich, den Moment hinauszuzögern. Aber wenn die Natur ihr Recht mit Macht durchsetzt, gibt es keinen anderen Ausweg, als eine Schwester zu rufen, immer in der Hoffnung, dass nicht gerade die Favoritin, sondern vielleicht eine andere, Unbekannte kommen möge. Ich bewundere die jungen Frauen, wenn sie mich unbeweglichen 120-kg-Fleischklops im Bett hin- und herwälzen oder drehen müssen, um mir das Bett zu richten. Neben der liebevollen, ruhigen Anna, die ich besonders mag, beeindruckt mich eine engagierte Physiotherapeutin, deren Name mir leider entfallen ist. Sie war gerufen worden, weil mir spätestens nach dem dritten Tag die rechte

Kniekehle derartig schmerzt, dass ich nun auch das gesunde Bein weder beugen noch strecken kann. Es ist die erste Begegnung in meinem Leben mit dieser besonderen medizinischen Spezies. Die auf den ersten Blick zierliche Schwarzhaarige ist freundlich und redselig und wir verstehen uns trotz der undeutlichen, heiseren Wörter und Sätze, die mit einem leichten Stottereffekt und fast ohne Stimme aus meinem ewig trockenen Mund kommen, auf Anhieb gut. Meine Stimme erinnert an den „Paten" Marlon Brandos. Um ihre therapeutischen Übungen, insbesondere die mit dem linken Bein, zu intensivieren, springt die Dame zu meiner großen Überraschung gleich zur ersten Therapieeinheit behende auf mein Bett. Entsetzter und überraschter als ich in diesem Moment kann man wohl kaum aus den Augen schauen. Schlagartig begreife ich den tieferen Sinn und die Bedeutung des Wortes „Betthupferl". Auf dem Bett kniend bearbeitet sie meine abtrünnigen Gliedmaßen derart engagiert und heftig, dass sie selbst vom zufällig vorbeigehenden Oberarzt ermahnt werden muss, nicht so stark an mir zu ziehen, zu beugen und zu klopfen, um die Hirnblutung nicht wieder in Gang zu setzen. Wir haben aber gute Gespräche und sie bringt mir und meinem von Fieberphantasien geschüttelten Gehirn die reale Welt näher.

Das Fieber will nicht weichen und versetzt mich hauptsächlich nachts in eine irreale Welt aus wirren Phantasien, Wahnvorstellungen und bösen Träumen. Unterstützt wird die Irrealität durch die vielen Medikamente und mein durchgeschwitztes, nasskaltes, übel nach Desinfektionsmitteln riechendes Kopfkissen, das mich an ein Gefängnis denken lässt. Den Weg in den vermeintlichen Wahn begleitet die Kakophonie der Signaltöne und das Farbenspiel der kleinen bunten Lämpchen, deren aufdringliche Reize ich dösend und verwirrt, halb schlafend, halb wachend, zu ertragen habe. Stimmen und

Bilder von mir gut bekannten, zumeist schon verstorbenen Menschen vermischen sich mit denen von Ärzten und Krankenschwestern, die alarmiert durch mein ängstliches Klingeln oder die gestiegenen Blutdruck- und Fieberkurven auf den Bildschirmen nach mir sehen. Gavrilo Princip, unser junger studentischer Attentäter, ist mittlerweile auch im Gefängnis und dort selbst erkrankt. Er spielt jedenfalls keine Rolle mehr in meinem Krankenleben. Unangenehm, ja ekelerregend bleiben dagegen die nächtlichen Zufallsbegegnungen mit meiner linken Hand, die ich weder sehen noch identifizieren kann und die mich deshalb bei jeder Berührung so erschreckt, weil ich sie als fremdes, totes Fleisch wahrnehme, das nicht zu mir gehört. Dann überkommt mich unerträglicher Ekel und ich läute panisch und voll Entsetzen nach der Schwester, die mir geduldig und ruhig den Sachverhalt erklären muss. Habe ich Glück, kommt die nette Anna und schenkt mir außer ihrem bezaubernden Lächeln manchmal auch ein kurzes beruhigendes Streicheln.

An die Stelle des Attentates tritt jetzt ein wesentlich beunruhigenderes Phantasma, das mich noch lange begleiten wird. Wegen der schmerzenden Kniekehle und krampfenden Beinmuskulatur lagern mich die Schwestern abends in Seitenlage und fixieren meinen Körper durch Kissen und Rollen. Manchmal erwache ich dann nachts schweißnass nach schlimmen Träumen, in denen ich mich vollständig mit Kabeln fixiert, gefoltert und gefesselt fühle. Eine gewisse Ähnlichkeit mit den schrecklichen Bildern aus dem amerikanischen Foltergefängnis Abu Ghureib im Irak ist nicht zu verleugnen. Ohnmächtige Panik befällt mich, wenn ich meine zu erwachen und feststellen muss, dass sich keines meiner Beine mehr bewegen lässt. Erst die Nachtschwestern beruhigen mich, indem sie mir zeigen, dass mein gelähmtes linkes Bein auf dem gesunden rechten liegt, es somit blockiert und ich mich in meiner panischen Angst so tief ins Bett „eingegraben" habe, dass ich mich zwischen den vielen Kissen und Rollen, der Decke und dem Bettgitter nicht mehr bewegen kann. Oft habe ich beim Einschlafen das erschreckende Gefühl, Gefangener in der Unendlichkeit meines Gehirns zu sein und hoffnungslos verirrt durch das Labyrinth von Nervensträngen, Neuronen und Synapsen um mein Leben zu rennen. Erwache ich, überfällt mich nackte, panische Angst vor meinem zukünftigen Leben als Krüppel, Angst um meine demente, sterbende Mutter, meine beiden weit entfernt lebenden Kinder und die Enkelinnen, die ich nicht noch einmal sehen würde, um Lisa, die mich allein lassen könnte, die geliebte wissenschaftliche Arbeit und das halbfertige Buch auf meinem Schreibtisch, die liegen bleiben werden. Mehr und mehr ergreift der Wunsch zu sterben von mir Besitz. Ich will tot sein, damit all die schlimmen Träume und Zukunftsängste endlich aufhören, damit sich die Kabelfesseln lösen, die grausame Hatz durch mein blutiges Hirn und die entsetzlichen Strudel ein Ende nehmen und nie wiederkommen. Mein einziger Trost ist in solchen nächtlichen Momenten eine, wie mir scheint, liebevolle Schwesternhand, die mein heißes Gesicht kühlt und die jungen, klaren Augen, in die ich blicken darf und die mir das Gefühl für die Wirklichkeit wiedergeben.

Zwei freudige Ereignisse durchlebe ich aber doch in dieser furchtbaren Zeit: Eines Nachmittags träume ich, ich habe gerade einen Fotoladen am Markt unseres kleinen Nachbarstädtchens eröffnet, um meine Kinder ernähren zu können. Ich handle nicht nur mit Fotoaccessoires aller Art, sondern auch mit alten Landkarten, antiquarischen Liebhaberstücken, für die ich schon immer ein Faible hatte. Eben noch war ich mit der Fälschung einer besonders schönen und wertvollen

Karte der Balkanländer aus dem 17. Jahrhundert beschäftigt, als mich Lisas zarte Hand weckt. Noch ungehalten über die Arbeitsunterbrechung an der Karte sehe ich zu meiner freudigen Überraschung hinter Lisa meinen in Moskau lebenden und arbeitenden Sohn Harald stehen, der meinetwegen nach Deutschland gekommen ist. Denke ich mir! Ein guter Sohn! Erst später erinnere ich mich, dass sein Besuch in Deutschland schon vor dem „Ereignis" geplant war. Voll Freude und Begeisterung erläutere ich den beiden augenblicklich, noch schlaftrunken und traumverwirrt, meine Zukunftspläne und die neue, lukrative Tätigkeit. Als ich ihnen aber mitteile, dass ich mein Hauptaugenmerk zukünftig weniger auf das Fotogeschäft, sondern verstärkt auf das Fälschen antiquarischer Landkarten richten würde, kneift mich Lisa in den rechten Arm und ich sehe in Haralds entgeistertes Gesicht. In einer Art fieberndem Wachschlaf habe ich reichlich undeutlich und fast stimmlos heiser meinen Traum in Worten fortgesetzt. Harald „tröstet" mich: „Vati, es ist mir ganz gleich, ob du laufen kannst oder dein Alter im Rollstuhl verbringst. Hauptsache ist doch, dass du geistig normal bleibst! Alles kann ich akzeptieren, ein Bein, zwei, gelähmt oder sonst wie verletzt, aber wenn du geistig verwirrt wärst, könnte ich dich nicht mehr sehen. Das ertrage ich nicht!" Als er wieder geht, um nach Hause zurückzufliegen, bin ich getröstet und gleichzeitig bekümmert: „Na, da weiß ich ja nun woran ich bin! Ja, ja, die heutige Jugend" entfährt mir der schon seit der Antike bekannte Stoßseufzer. Ich fühle mich trotzdem reichlich undankbar.

Immer wenn ich brutal aus solchen Tagträumen gerissen werde, was im Krankenhaus häufig passiert, da man es dort wahrscheinlich aus purem Neid nicht ertragen kann, wenn Patienten den Tag verschlafen, entsetze ich auch später noch manche Schwester und manchen Arzt mit meinen „Traumgesprächen". Heute bin ich froh, dass meine Phantastereien keine Konsequenzen hatten und ich nicht, anstatt in der Rehaklinik, in der Psychiatrie gelandet bin.

Die zweite Freude verdanke ich meinen Studenten. Noch in der ersten Woche der Intensivtherapie, als es mir sehr schlecht geht, bringt mir Lisa eine Karte mit einem Zauberspruch und Genesungswünschen von ihnen mit. Ich bin sehr gerührt und muss mit den Tränen kämpfen. Es ist das einzige Mal, dass ich während meiner langen Krankheit feuchte Augen bekomme. Heute scheint es, dass mir der Schlaganfall auch die Tränen und einen Teil meiner Gefühle genommen hat.

Der Blutdruck lässt und lässt sich nicht in den Griff bekommen. Er schwankt unaufhörlich von einem Extrem zum anderen. Die Ärzte beschließen, mir einen Katheter in die Armarterie einzusetzen, um ihn, wie sie sagen, präziser und stetiger kontrollieren zu können. So viel habe ich jedenfalls von den Ausführungen des Oberarztes verstanden. Ich weiß nicht, an welcher Stelle der Katheter genau eingeführt worden ist, aber mich erfasst plötzlich ein so heftiger, lebensbedrohlicher Schmerz im linken Brustbereich, dass ich meine, in furchtbarer Todesangst laut zu schreien, weil ich glaube, mein Herz sei verletzt und ich würde sofort sterben müssen. Vor vielen Jahren hatte ich ähnliche Schmerzen während einer Sepsis beim Einführen eines Herzkatheters. Der Arzt ordnet sofort ein EKG an, das allerdings keine Anomalien zeigt, und auch der Blutdruck bleibt im Normbereich. „Ihr Gehirn, Herr Wendel, narrt und veralbert Sie. Eine andere Erklärung als eine Täuschung durch ihr Gehirn gibt es nicht. Es ist alles in Ordnung", versucht er mich zu beruhigen. „Das kann ja heiter werden, wenn mein Gehirn künftig einfach beschließen kann, mich so grausam zu veralbern!" Die Schmerzen wiederholen

sich noch einige Male, ohne allerdings je wieder diese mit Todesangst gepaarte Stärke zu erreichen. Dann bekomme ich
ein Pulsoxymeter an den rechten Zeigefinger geklemmt, der
meine Fingerkuppe erglühen lässt und von nun an nachts rot
über die Bettdecke irrlichtert.

Lisa, die mich jeden Nachmittag besucht, steht mir mu-
tig und unerschrocken zur Seite. Ihre Nähe tut mir gut und
ich warte jeden Tag mit freudiger Ungeduld auf ihr Erscheinen, das mich ungemein beruhigt. Eines Tages tritt der Arzt
lachend an mein Bett und fragt mich, wann meine Frau komme. „Ich weiß es nicht", antworte ich. „Das glaube ich ihnen
nicht, Sie haben übersinnliche Fähigkeiten. Ihre Frau ist bereits im Gebäude, das wissen Sie doch! Ihr Blutdruck zeigt
es uns an. Fasziniert verfolgen wir schon seit einigen Tagen
am Zentralbildschirm, dass immer dann, wenn ihre Frau das
Gebäude betritt, was wir aus unserem Fenster sehen können,
ihr Blutdruck um mindestens 10 Millimeter Quecksilbersäule
steigt."

Schon bald soll ich eine weitere Kostprobe meiner neu-
en „übersinnlichen Kräfte" erhalten. Mein Blutdruck normalisiert sich zusehends. Aus den Gesprächen mit dem Oberarzt
kann ich entnehmen, dass meine Tage hier gezählt sind und
ich, sobald ich fieberfrei bin, in eine Klinik für neurologische
Rehabilitation überführt werden soll. Es wird aber auch langsam Zeit! Es ist der Sonntagnachmittag vor meiner Entlassung und ich bin soeben aus dem Mittagsschlaf erwacht. Der
erste Blick aus dem Fenster ist äußerst trist: es regnet und abgesehen von einigen Autos des diensthabenden Personals, die
parallel zu meinen Fenster stehen, ist absolut nichts los. Eine kleine Baustelle blockiert den Fußweg zwischen ihnen und
meinem Fenster. Soweit ich blicken kann, ist keine Menschen-
seele zu sehen. Es ist sonntäglich grau, trostlos und langwei-

lig. Irgendwann höre ich von draußen Stimmen und Lachen. Es muss wohl Schichtwechsel sein, denn ich sehe Grüppchen junger Frauen mit bunten Regenschirmen an meinem Fenster vorübergehen. Irgendetwas aber ist ungewöhnlich. Nicht etwa, dass die jungen Frauen den Auswahlkriterien ihres Personalchefs nicht entsprochen hätten, nein, sie sehen genauso gut aus und sind ebenso schlank wie meine Krankenschwestern und müssen daher wohl aus der gleichen Firma sein. Es ist etwas anderes, das Bild stimmt nicht! Meine Augen bleiben daran hängen und das Gehirn versucht das Ungewöhnliche zu ergründen. Dann habe ich es: Die jungen Frauen wechseln wegen der Baustelle vom Trottoir auf die Straße, um rechts an den parkenden Autos vorbeizulaufen. Die Wagen müssten die Frauen nach allen Regeln menschlich-logischer Wahrnehmung verdecken, ich aber kann sie in voller Größe und Schönheit, vom Schirm bis zu Sohle weitergehen sehen, so als ob sie durch die Autos der Länge nach hindurch spazierten. Da ich nicht glauben will, was ich sehe, warte ich ungeduldig auf die nächste Gruppe. Dasselbe! Auch die nächsten und übernächsten Grüppchen junger Schwestern schwänzeln lachend und gestikulierend mitten durch die Autos hindurch, so als seien diese gar nicht vorhanden, sondern lediglich Hologramme. „Mein Gott, das darf ich niemandem erzählen, die bringen mich in die Psychiatrie und dort komme ich nie wieder raus." Panisch stelle ich mir vor, wie ich statt in die Rehaklinik, die mir in diesem Augenblick wie das Paradies erscheint, ins Irrenhaus gefahren werde: In einem alten grünen Gefangenentransporter der 50er Jahre mit Fenstergittern, den wir als Kinder nur „die grüne Minna" nannten und nicht im neuen Mercedes. Zwei große, grimmige Wärter bewachen und liefern mich in einer Zwangsjacke höhnisch lachend in einem der gelben Klinkerbauten der Leipziger Irrenanstalt ab. Trotzdem fasziniert mich meine neue transzendentale Fähigkeit. Bis zur Besuchszeit habe ich nun wenigstens eine fesselnde Beschäftigung: Ich warte ungeduldig auf neue Passanten, die sich allerdings wegen des sonntäglich regnerischen Nachmittags rar machen. Aber immer wieder dasselbe! Das ist schon ein irres Phänomen. Leider bleibt es mir nicht erhalten. Es verschwindet am nächsten Tag ebenso plötzlich, wie es gekommen ist. Trotzdem möchte ich diese Erfahrung nicht missen! So gesehen hat sich der Schlaganfall ja fast schon gelohnt.

Am Abend erfahre ich, dass ich am Dienstagmorgen, 11 Tage nach dem „Ereignis", wie ich meinen Schlaganfall mittlerweile nenne, in eine neurologische Rehaklinik, rund 40 km nordöstlich meines Heimatortes, verlegt werde. Meine Freude ist groß, hoffe ich doch, dort endlich meinen schlimmen Fieberphantasien entrinnen zu können. Anna verspricht zum Abschied, mich zu besuchen. Leider habe ich sie nie wieder gesehen und ich bin mir nun nicht mehr ganz sicher, ob ich sie je wiedererkennen würde – vielleicht war auch sie nur eine, allerdings schöne Phantasie.

Der Montag vergeht mit Gesprächen über die Reha. Unser Oberarzt führt mit mir ein Abschlussgespräch, das in eine gehörige Standpauke über mein Verhältnis zur Gesundheit und Medizin im Allgemeinen und zum Blutdruck im Besonderen ausartet. Seine Prognose verwirrt mich. Bei meinem gegenwärtigen Zustand scheint ihm alles möglich. Ich könne ein schwerer Pflegefall werden oder aber als Behinderter mit nur einem Krückstock davonkommen. Da ich Archäologe bin, empfehle es sich doch, mir einen Krückstock mit Totenkopfknauf zuzulegen. „Das macht sexy", meint er. Mir scheint das doch ziemlich albern, makaber und weit hergeholt. Dann fragt er mich noch, ob ich denn wieder arbeiten gehen wolle. Ich weiß nicht, was er als Antwort erwartet hat, aber als er hört, dass ich auf alle Fälle wieder arbeiten werde, schaut er mich ungläubig und, wie ich glaube, fast schon ein wenig erschrocken und mitleidig an. Das Gespräch lässt mich sehr nachdenklich werden und verfolgt mich noch lange. Mut bekomme ich erst wieder von meiner Lisa. Ein Bettnachbar kennt die Rehaklinik von einem früheren Schlaganfall und vermittelt mir ernst und wichtig wissend seine mit Histörchen, Erinnerungen und guten Ratschlägen gespickten Erfahrungen. Auch Lisa freut sich, dass die Klinik in gut zu bewältigendem Abstand von unserem Zuhause gelegen ist und sie mich dort jeden Tag besuchen kann. Schließlich bin ich froh, die alles in allem stressige und doch triste Intensivstation verlassen zu können. Am leichtesten fällt mir noch die Trennung von dem nass verschwitzten, übel riechenden Kopfkissen. Obwohl ich immer noch fiebere, bekomme ich am Dienstagmorgen eine sogenannte Leck-mich-am-A ... - Spritze, die mich eigentlich nur für die Fahrt „fit machen" soll, mich aber stattdessen den ganzen Tag ins K. O. befördert. Beklommen nehme ich von der rollenden Bahre aus Abschied von einigen der diensthabenden Schwestern, die mir so manche schlimme Nacht erträglicher erscheinen ließen. Wer weiß, was mich im Laufe des Tages und in den nächsten Wochen erwartet. Denn eines weiß ich schon vom Bettnachbarn – die Schwestern in der Reha sind nicht so jung und schlank wie hier.

Draußen wartet der rotgelbe Krankenwagen und los geht es mit dem mir schon vertrauten metallischen Geklapper über die schlechten Straßen der Stadt ostwärts.

Metropolis

Die Spritze verrichtet zuverlässig ihre Arbeit: Ich schlafe während der gesamten Fahrt wie narkotisiert. Geweckt werde ich erst durch eine weibliche Stimme: „Kinder kommt mal schnell her, der sieht ja aus wie der Schauspieler Rolf Hoppe." „Ich werd' verrückt. Das ist er!", tönt eine andere weibliche Stimme: „Ach wo", so ein männlicher Bass: „Der Patient heißt Wendel, Michael." Mir wird klar, ich bin gemeint und die Zeit ist gekommen, meine Augen zu öffnen. Mehrere neugierige Frauengesichter drängeln sich über mir, um mich neugierig und interessiert zu betrachten. Wieder der Bass: „Ist das sein Bett? Dann auf Drei! Achtung! Euer Hoppe ist schwer!" Mit vereinten Kräften und nicht ohne die obligaten Bemerkungen und Verwünschungen in Bezug auf mein Körpergewicht werde ich von harten, energischen Händen in mein künftiges Bett gehoben, d.h. eigentlich mehr geworfen, denn die Schwestern sind tatsächlich schwereren Kalibers als die der Intensivstation. Um einen Vergleich aus der Leichtathletik zu bemühen: Waren letztere schlanke und zierliche Gazellen, wie Kurzstreckenläuferinnen, kann man diese hier eher in die Kategorie der kräftigeren Kugel- und Hammerwerferinnen einordnen. Im Bett angekommen, höre ich die schweren Damen unter lautem Lachen verschwinden und nur noch ein netter, vornamensgleicher Pfleger macht sich an mir und meinem Gepäck zu schaffen, ehe auch er das Zimmer verlässt. Ich erhasche einen Blick durch die lange Fensterfront. Was ich sehe, entzückt mich. Verwirrt durch das Fieber und die Injektion vom frühen Morgen, wähne ich mich in der Schweiz. Vor meinem Fenster erstreckt sich in sanften Schwüngen und Wellen eine weitläufige, trotz der lang anhaltenden trockenen Hitze noch sattgrüne Alm am Rand eines Mischwaldes. Durch das Gras schlängelt sich ein schmaler Pfad zu den Giebelfassaden von drei weißen, in das klare Licht der Morgensonne getauchten Häusern im alpenländischen Stil mit roten Spitzdächern und Balkonen, die rote Geranien schmücken. Die Aussicht bringt meine arme gemarterte Seele, die ich schon lange nicht mehr gefühlt habe, fast bis zum Abheben ins Schwingen, entführt mich in längst vergessen geglaubte Zeiten und gaukelt mir bunte Bilder aus meinem ehemaligen Leben vor. Unwillkürlich kommt mir der grandiose Song von Tony Carey „Room with a view" in den Sinn, der in mir eine höchst melancholische Sehnsucht nach Ferne, Weite und Freiheit auf der einen, aber auch nach Geborgenheit und Liebe auf der anderen Seite auslöst. Es ist dieses melancholische Zwittergefühl, die urmenschliche Sehnsucht nach dem Unerreichbaren, die einen plötzlich überkommen kann, wenn man auf einer längeren Fahrt übermüdet und nachts allein im Auto an einer geschlossenen, schlecht beleuchteten Bahnschranke steht und einem vorbeirasenden Schnellzug nachschaut. Ach, wie beneidet man dann die Reisenden hinter den hell erleuchteten Fenstern, die sich Kaffee trinkend bequem ausruhen oder entspannt lesen können! Sie werden sicher an ihr Ziel gebracht, wo schon die oder der Liebste sehnsüchtig warten. In diesem Moment möchte man, wie in dem alten Volkslied besungen, gern mitfahren. Aber unmöglich! Sitzt man dagegen gemütlich mit einem guten Buch selbst im rasenden Schnellzug und sieht die wartenden Autos mit ihren Standlichtern im trüben Funzellicht einer im Wind schaukelnden, klappernden und quietschenden Lampe an der Bahnschranke auf den Zug warten, überkommt einen die Sehnsucht, in einem dieser Autos sitzen und frei dahinfahren zu dürfen. So geht es mir auch jetzt: Wie gern möchte ich raus und über diese Wiese laufen, den Duft des sommerlichen Mischwaldes tief einatmen, genießen, mich hinlegen und in den blauen Himmel schauen.

Beseelt und glücklich endlich hier sein zu dürfen, sinke ich in den erlösenden Schlaf. Die Melodie des Songs klingt nach und begleitet mich in meine Träume. Kaum eingeschlafen und zum ersten Mal seit langer Zeit glücklich träumend, werde ich brutal geweckt. Gnadenlos und derb ziehen mich in Hellblau gekleidete Wärterinnen mit harten Händen und unfreundlichen Worten aus meinem Bett, knallen mich in einen Stuhl und fahren mich in einen langen, dunklen Gang. Ist es Wahn oder Wirklichkeit, Schimäre oder das Schlimmste, Unvorstellbare? Ich bin in eine furchteinflößende düstere Science-Fiction-Szenerie ähnlich, der in Fritz Langs genialem Film „Metropolis" von 1927, geraten: Ich sitze mit anderen Häftlingen in meinem Stuhl fixiert an der Wand eines langen Korridors und sehe viele schwarze Gefährte mit dunkel gekleideten, schweigenden, nahezu gesichtslosen Menschen, die lautlos hin und her rollen – einige langsamer, andere schneller – dazwischen streng aussehende Wärterinnen zu Fuß in Hellblau, sich mal hierhin, mal dorthin beugend. Niemand lächelt, niemand lacht, ich höre keine Gespräche. Bis auf das leise Surren der Gefährte und die Kommandos der Wärterinnen und Arbeitsgeräusche, ist es still. Die Gesichter sind bleich, leer und ernst, depressiv. Fast alle Gefährte tragen zwischen den Hinterrädern einen Beutel mit bernsteinfarbener Flüssigkeit, wahrscheinlich Treibstoff. In mein Schicksal ergeben muss ich wieder eingeschlafen sein, bis ein Wunder geschieht: Lisa, meine tüchtige Lisa, weckt, streichelt und küsst mich. Kein Frosch und doch erlöst – endlich. Die morgendliche Spritze hat ihre Wirkung verloren.

Lisa findet mich im Rollstuhl auf einem langen, dunklen Korridor vor dem Schwesternzimmer, direkt gegenüber einem Schild mit der Aufschrift: „Neurologische Rehabilitationsklinik Böhlen Böhlen", darunter „22. Juli – Sommer 2008." „Endlich!", denke ich. „Endlich bin ich in der Reha angekommen, alles andere war wohl doch nur ein böser Traum." Unverständlich ist mir allerdings, warum „Böhlen" zweimal hintereinander geschrieben steht. „Vielleicht", weise ich neunmalklug auf das Schild, „hat das etwas mit der Topographie oder administrativen Zugehörigkeit der Anstalt zu tun." „Wo siehst du denn ein zweites Böhlen?" Lisa ist erstaunt. „Na da, rechts hinter dem ersten." „Ich sehe nichts! Du siehst den Namen bestimmt doppelt." „Na! wird schon so sein," resigniere ich ungläubig, aber inzwischen an die Anomalien meiner Wahrnehmung gewöhnt: „Ich habe ja auch einen Klaps ..." Zu denken geben mir aber der lange dunkle Korridor, die vielen lautlos hin- und hergleitenden Rollstühle mit den Patienten und ihren leeren Gesichtern. Kein Vergleich mehr mit Metropolis, nur der Alltag in einer neurologischen Rehaklinik des 21. Jahrhunderts. Ich frage eine vorbeikommende Schwester mit weißer Hose und kurzem hellblauen, hinten zu schließenden Obergewand nach den Beuteln mit Treibstoff. Sie schaut mich ungläubig an, zweifelt, ob sie richtig verstanden hat und beginnt laut zu lachen. Nachdem sie sich wieder gefangen hat, erfahre ich, dass die Patienten ihren Urin, der durch die Katheter abfließt, in den Beuteln „spazieren" fahren. Da ich ungläubig schaue, zeigt sie mir einen Schlauch, der aus meiner Trainingshose heraus nach hinten führt und durch den gerade bernsteinfarbene Flüssigkeit gluckert.

40

Nun wird es aber höchste Zeit für mich, bei Lisa ein wenig zu ningeln, was im Sächsischen jammern meint, und mich trösten zu lassen. Das braucht ein Minimum an Intimsphäre, also frage ich nach meinem Zimmer. Die freundliche Schwester führt uns. Weil ich mich wegen der Lähmung meiner linken Körperhälfte noch nicht zielgerichtet und mit der nötigen Mindestgeschwindigkeit im Rollstuhl fortbewegen kann, schiebt mich meine barmherzige Lisa. Ohne sie wäre ich hier völlig verloren und traurig. Ich glaube nicht, dass ich überleben könnte. Die Schwester öffnet eine der vielen Türen zu den Krankenzimmern und wir kommen in einen schmalen Gang, von dem rechts eine hölzerne Schiebetür den Weg ins behindertengerechte Bad und zur Toilette öffnet. Links, schräg gegenüber der Toilette, sind an der Wand Garderobehaken und einige Schritte weiter eine „Bahnhofsuhr" angebracht. Nach deren Passieren stehen wir in einem, wie mir scheint, geräumigen, hell getünchten Zimmer, dessen gegenüberliegende Begrenzung durch die bereits erwähnte Fensterfront mit dem nun nicht mehr ganz so schweizerischen Panorama gebildet wird. Zu meinem Entzücken befindet sich rechts davon nur ein, und zwar mein Bett. Auch das Nachfragen bringt kein anderes Ergebnis: Es ist tatsächlich ein Einzelzimmer. Gegenüber der Fensterfront, also rechts von uns, bietet eine Art Kombi-Wandschrank mit Garderobeteil und Wäschefächern den persönlichen Sachen Platz. Im Schrank steht ein kleiner Fernsehapparat, der mir noch gute Dienste als Radio leisten wird. Ein quadratischer Tisch und zwei schäbige, nicht sehr saubere Lehnstühle laden links am Fenster Besucher ein, Platz zu nehmen und werden auch gleich von Lisa und ihren Taschen in Beschlag genommen. Alles in allem bin ich mit dem Zimmer zufrieden und meine, es hier ein Weilchen aushalten zu können. Dass aus dem Weilchen aber ganze vier

Monate werden sollten, hätte ich damals weder für möglich, noch für vorstellbar gehalten und diese Aussicht hätte mein Entzücken über das Zimmer sicherlich begrenzt.

Das Essen darf ich an diesem Abend in meinem „neuen" Zimmer einnehmen. Lisa füttert mich. Es gibt eine Brotschnitte mit einer dünnen Scheibe, wie mir scheint, künstlichem, strohig und fad schmeckendem Leberkäse. Dazu der obligate, nur schwach gesüßte Krankenhaustee Marke „Bahndamm". Wir einigen uns darauf, dass ich mich ab sofort „getränkemäßig" von der Klinik abkoppele und Lisa mich künftig mit Sprudelwasser versorgen wird. Als Vorspeise habe ich sieben appetitlich bunte Tabletten und Kapseln, die wohl meine piepsenden nächtlichen Infusionstropfen ablösen sollen. Obwohl Tablettenhasser, schlucke ich sie mit Todesverachtung, weiß ich doch, dass jetzt mein Leben davon abhängt. Eine Überraschung hält der Abend dann aber doch noch für mich bereit. Mir wird ein Therapieplan für den Rest der Woche hereingereicht, mit der Bemerkung, ihn unbedingt und pünktlich einzuhalten. Schon der erste Blick auf den voll geschriebenen Zettel erschreckt mich: Dicht an dicht reihen sich Termine, den ganzen lieben langen Tag im Halbstundentakt: Logo, Psycho, Ergo, Physio, PC, Handgruppe, Fußgruppe, ADL ... und ... und ... und. Weiß der Teufel, was das alles bedeuten soll. Ich bin ja schon vom Lesen des Zettels erschöpft. Was wird erst, wenn ich da überall hin muss. Und vor allem: Wo ist das? Wie komme ich dahin und was passiert dort? Meine Vorstellungen von einer Reha gingen bislang immer dahin, dass man genügend Zeit für Wellness, Ausruhen und Freizeit bekommt. Doch das, was ich hier lese, sieht sehr nach Arbeit aus, und zwar, abgesehen von einer schmalen Mittagspause, nach ununterbrochener harter Arbeit zwischen 8 und 17 Uhr. Morgen ist überall Aufnahme und, wie ich lese, „Befundung", was auch immer das sein mag! Aber nun ins Bett: Ich bin sehr müde. Mein „zarter Hintern", der das Sitzen seit dem „Ereignis" verlernt hat, schmerzt vom Rollstuhl. Nur wie in das hohe Bett kommen? Dazu brauche ich Hilfe. Auf mein Läuten kommt eine Schwester, die mich auszieht, ins Bad fährt und im Rollstuhl, soweit möglich, wäscht. Der Rücken wird mit Kühlgel eingerieben. Lisa darf zusehen. Zähneputzen muss ich allerdings selbst. Kann ich ja auch! Dann geht die Schwester Hilfe holen. Und jetzt beginnt der Horror: Die Tür wird mit einem mächtigen Knall aufgerissen und herein kommen, nein schieben sich vier durchtrainierte Hammerwerferinnen in Hellblau. Das ist schon ein gewaltiger Anblick. An der Spitze schnauft eine blonde Walküre. Ihr Rumpf bringt den modischen hellblauen Kasack, dessen Nähte bedrohlich krachen, fast zum Platzen. Unter dem Pony ihrer Pagenfrisur schaut ein gerötetes Gesicht mit einem prächtigen Doppelkinn grimmig drein. Martialisch provozierend lässt sie in der Linken die Manschette ihres Blutdruckmessgerätes an seinem Schlauch kreisen und schwingen. Das ist ihre „Kriegspose", wie ich später noch erfahren werde, und soll ihre Bereitschaft zum Kampf mit jedem noch so aufmüpfigen Patienten signalisieren. Welch ein Gegenentwurf zu meiner netten, sanften und schlanken Anna von der Intensivstation. Angesichts des kampfeslüsternen Gesichtsausdrucks verspüre ich nur einen innigen Wunsch: „Lieber Gott, bitte lass' es niemals zu, dass mir diese klinkenkrachende Brunhilde jemals einen Blasenkatheter einführen muss!" Doch entweder konnte oder wollte der Herr meinem frommen Wunsch nicht entsprechen, denn genau das wird später passieren. Unter Ächzen und Stöhnen, Witzen und anzüglichen Bemerkungen über mein Gewicht wuchten mich die kräftigen Mädchen wie einen nassen Sack aus dem Rollstuhl und setzen mich auf ein Rutschbrett, auf dem sie mich zum Bett zerren und schieben. Dort angekommen, werde ich, wie ein heißes Brot beim Bäcker vom Holzschieber ins Brotregal, aufs Bett gekippt, wo ich sofort nach links sinke. Mit einem Ausdruck im Gesicht, der sagen will „Ich kann noch nicht selbständig sitzen", schaue ich die mich aufrichtende und in der Vertikalen haltende Schwester schief und um Verzeihung bittend an. Schließlich und endlich werde ich hingelegt, mit Kissen und Rollen in die richtige Lage bugsiert und ratsch, ratsch sind die Bettgitter hochgezogen. „Gute Nacht und schlafen Sie gut!" „Danke!" Unter Führung meiner Brunhilde ziehen die Damen lachend und kichernd, mit vernehmlichem Türenknall wieder ab. Das wird mir nun jeden Abend passieren, so lange jedenfalls, bis ich irgendwann einmal selbständig aus dem Rollstuhl ins Bett komme, woran im Augenblick aber nicht einmal zu denken ist.

Ich riskiere noch einen Blick durch zwei Gitterstangen auf die Landschaft, schließe die Augen, und schlafe endlich mal wieder ohne bunte Lichtfetzen, piepende Signaltöne und kreischende Minisirenen sowie den ganzen Lärm einer Intensivstation bei Nacht albtraumlos und friedlich meinem ersten aktiven Tag in der Rehabilitationsklinik entgegen. Nur draußen vor den Schweizer Häusern schaukelt noch eine funzelige Lampe, deren Quietschen mich in meine friedlichen Träume begleitet.

„Guten Morgen! Na, gut geschlafen?", reißt mich eine Stimme aus dem Schlaf. Der namensgleiche Pfleger will den Blutdruck messen, mich waschen, anziehen und wieder in den Rollstuhl setzen. Er arbeitet schnell und routiniert. Zu Scham besteht kein Anlass. Vorher war er Altenpfleger, momentan arbeitet er hier zur Probe. Zuhause, irgendwo auf dem Dorf im Nordsächsischen, züchtet er Brieftauben und lässt sie an Wettflügen teilnehmen. Das und seine ruhige, bedächtige Art schaffen Vertrauen, und ich freue mich auch später immer, wenn ich ihn sehe. Als er mit dem Waschen fertig ist, bitte ich ihn darum, mich zu gugeln. „Gugeln, was, wie, womit?" Er schaut mich völlig verständnislos und reichlich irritiert an. „Mein Gugel steht im Bad!", erkläre ich. Er trabt, immer noch verwirrt, ins Bad, um gleich darauf zu rufen: „Wo denn?" „Na auf dem Bord neben dem Waschbecken!" Und tatsächlich kommt er mit dem Deoroller zurück. Er hat schnell kapiert und kann also kein Dummer sein, was mich freut. „Nennen Sie das immer so?", wundert er sich. „Nein, ist mir eben erst eingefallen." Er lacht und freut sich „Gugeln, der Mann will gegugelt werden. So ein Blödsinn ist mir noch nicht untergekommen. Das muss ich mir merken!", murmelt er halblaut als er sich trollt.

Neglect

Eine halbe Stunde später werde ich erstmalig zum Frühstück geholt. In der Längsmitte des breiten Korridors steht unmittelbar vor meinem Zimmer ein breiter Tisch für etwa 12 Personen. Einige Plätze sind bereits von essenden, zumeist älteren Frauen und Männern in Discount-Freizeitkleidung und Trainingsanzügen besetzt, die in Rollstühlen sitzen. Patienten im fortgeschrittenen Heilungsprozess dürfen, wie ich erst später erfahre, selbständig den großen Speisesaal im Erdgeschoss nutzen. Hier oben im dritten Stock nehmen die neuen oder schwereren Fälle unter ständiger Aufsicht von Krankenschwestern und Therapeutinnen ihre Mahlzeiten zu sich. Niemand von den Patienten unterhält sich. Es herrscht deprimierende Stille, die nur durch einzelne Worte oder Halbsätze der Schwestern sowie das Klirren von Tellern, Tassen und Besteck unterbrochen wird. Ab und zu knallt hallend eine Tür. Zwei Personen sind es, die gleich am ersten Tag meine Aufmerksamkeit und Neugier erregen: Mir schräg rechts gegenüber hockt ein untersetzter, äußerst kräftiger und fast brutal aussehender, von viel frischer Luft gebräunter Mann mittleren Alters mit einer dunkelhaarigen Stoppelfrisur über seinen Teller gebeugt, auf dem sich ein ungeheuer hoher Stapel Scheiben aller verfügbaren Brotsorten ohne Ordnung auftürmt. Es liegt Weiß- über oder unter Grau- und Schwarzbrot. Dazwischen befindet sich Sesam-, Knäckebrot oder Pumpernickel und daneben alle Brötchen, derer er habhaft werden konnte. Mit Hingabe beschmiert er seine Brote und Brötchen wahllos durch- und übereinander mit Butter, Margarine, Frischkäse, Marmelade und Senf und legt eine zweite und dritte Brotscheibe oben drauf. Belegt werden die so vorbereiteten Sandwiches wahllos mit Wurst und Käse jeder vorhandenen Art. Der angedickte Kaffee, der Mann leidet wegen seines Schlaganfalls unter einer partiellen Schlucklähmung, wird mit mindestens zehn Päckchen Zucker gesüßt und alles zusammen so schnell, raupengefräßig und gründlich bis auf den letzten Krümel und Bodensatz gegessen und getrunken, dass die anwesenden Tischdamen kaum damit nachkommen, ihm ihre Frühstücksüberbleibsel zuzuschieben. Sergej, wie er genannt wird, nimmt alles. Wenn ich nicht aus eigener Erfahrung wüsste, dass manche Männer im slawischen Südosteuropa sehr langsam essen, um dem selbst gebrannten, hochprozentigen Schnaps Rakija seinen ihm zustehenden Platz in Kehle und Magen freizuhalten, hätte ich „Sergej" für einen gealterten bulgarischen Ringer oder Mafioso der unteren Befehlsebene gehalten. Sein mit vollem Mund gekautes „spasiba" nach links und rechts an die edlen Spenderinnen verrät ihn aber als russischsprachig. Sein Aussehen lässt an einen Angehörigen irgendeines der zahlreichen Kaukasusvölker zwischen Kaspischem und Schwarzem Meer denken. Er muss lange Hunger gelitten haben, denn er schirmt Teller, Kaffeetasse und die Spenden, darunter alle verpackten Zucker-, Butter-, Marmelade- und Kaffeesahneportionen, mit seinen muskulösen Unterarmen wie eine Festung gegen eventuelle Fressfeinde ab. Zu diesem Zeitpunkt weiß ich noch nicht, dass diese „Gefräßigkeit" Folge eines Schlaganfalls sein kann. Kaum mit seiner Mahlzeit fertig, dreht er, noch mit vollgestopften Backen, seinen Rollstuhl abrupt, aber elegant vom Tisch nach rechts ab und fährt mit beachtlicher Geschwindigkeit, die man dem Mann kaum zutraut, den Korridor etwa 30 Meter entlang bis zum hinteren Treppenhaus, worin er, wiederum nach einer scharfen Rechtskurve, verschwindet, um dort zu rauchen. Sein Rollstuhl scheint wie die kleinen Wagen einer Geisterbahn, auf Schienen zu laufen. Allerdings hat sein Rollstuhl ein technisch äußerst interessantes Detail, das Sergej gegenüber anderen bevorteilt. Die Neuzugänge haben auf ihrem Gefährt eine Plexiglasplatte vor sich auf den Oberschenkeln, die auf die Armlehnen geschoben die Knie bedeckt und den Bauch einschnürt, um uns so vor dem Herausfallen zu schützen. Gleichzeitig dient sie als Ablage für gelähmte Arme oder als Transportplattform für Trinkbecher und Kaffeetassen, mir auch als perfekte Unterlage für Zeitschriften und Bücher, die mir das Warten vor den Therapieräumen verkürzen. Bei den meisten von uns sind auch Informationszettel oder der jeweilige Therapietagesplan zweckmäßigerweise von unten angeklebt. Vor dem Ein- und Aussteigen oder dem Sitzen am Tisch muss die Plexiglasplatte von einer Schwester oder dem Pfleger abgezogen und danach wieder aufgeschoben werden, worum man ständig jemanden bitten muss, was beide Seiten ganz schön nervt. Leute mit langen Beinen wie ich werden natürlich in ihrer Fortbewegung behindert, da von Kniefreiheit, zum Antrieb des Fahrzeuges mit dem gesunden Bein, kaum noch die Rede sein kann. Sergej nun hat als einziger von uns auf seiner Platte einen vertikalen Griffzapfen, den er wie einen Steuerknüppel mit seiner kräftigen Faust umklammert hält und seinen Rollstuhl auf diese Weise, also nicht mit dem gesunden Bein wie alle anderen Patienten, lenkt. Keiner kann so elegante Kurven fahren und dabei trotzdem noch schön gerade sitzen wie er. Ich rutsche bei meinen ersten Fahr- und Lenkversuchen ständig so weit nach vorn, dass ich fast unter der Plexiglasplatte zum Liegen komme.

Die zweite Person meiner Neugier ist eine ältere Frau, die sich laut schimpfend bei der Schwester darüber beschwert, dass sie nichts, beziehungsweise nicht genug zu essen bekommt. Sie sitzt über ihren gefüllten Suppenteller gebeugt und löffelt bedächtig zu meiner Verwunderung immer wieder etwa zehn Zentimeter rechts neben dem Teller vom blanken Tisch, wo es natürlich keine Suppe gibt. Dabei beschimpft sie lautstark die anwesenden Schwestern und Therapeutinnen. So kann sie selbstverständlich nicht satt werden! Meine Verwunderung ist groß: Ist die Dame verrückt, dement oder einfach nur boshaft? Aber sie löffelt und löffelt so lange, bis sich eine Schwester erbarmt und sie füttert. Die neben mir sitzende Therapeutin belehrt mich, als sie mein verständnisloses Gesicht bemerkt: „Die Frau hatte einen Schlaganfall und als Folge einen Neglect. Wie Sie übrigens auch!" Nun war mir ja alles und nichts klar! Blutung in den Stammganglien, Ventrikeleinbruch, Halbseitenlähmung, und nun auch noch *Neglect*. Da sammelt sich ja einiges an. Also doch irgendwie geistig behindert! Mir war noch gar nicht aufgefallen, dass ich auch so verrückt daneben esse. Jedenfalls bin ich bisher immer satt geworden. *Neglect* – ein seltsames und interessantes Wort, das ich noch nie gehört habe. Schon gleich gar nicht kenne ich eine Krankheit gleichen Namens. Was mir noch alles angehängt werden soll! Vielleicht bin ich auch schon längst tot und lebe hier in einer anderen, einer Parallelwelt. Aber „*Neglect*" hat mich neugierig gemacht. Demnächst muss ich mich unbedingt an kompetenter Stelle danach erkundigen.

Bescheiden und auf Reduktionskost gesetzt, esse ich fast das Gleiche wie am Vorabend: Diesmal acht Tabletten als Vorspeise und eine Schnitte Graubrot mit einer dünnen Scheibe strohiger Pastete. Wie meine Tischkarte verrät, muss ich wegen eventueller Schluckstörungen mit Strohhalm trinken.

Strohhalmtrinken hasse ich schon seit meiner Kindheit: trotzdem trinke ich an diesem Morgen zum ersten und letzten Mal brav meinen Frühstückskaffee mit einem Kinderstrohhalm wie meine kleine zweijährige Enkelin Maxie ihren Kakao. Fertig mit der Mahlzeit, drehe auch ich, nur mühevoller und längst nicht so schwungvoll elegant wie Sergej, nach links ab und rolle mehr schlecht als recht auf dem langen, dunklen Korridor meiner neuen Welt, der ersten „Befundung" entgegen. Mit meinem busähnlichen, völlig überdimensionierten Gefährt bin ich noch nicht vertraut. Sich ordentlich im Aktivrollstuhl, wie das Gefährt in Therapeutensprache heißt, zu bewegen ist körperlich durchaus anspruchsvoll, vor allem dann, wenn die gesamte linke Körperseite gelähmt ist: Das betroffene Bein steht in einer Schlaufe auf der linken Fußraste und das gesunde, rechte hat sich auszustrecken und seine Hacke so weit und tief wie irgend möglich in den Linoleum- oder Fliesenboden zu hauen. Hat sie einigermaßen Halt gefunden, muss sich der Fahrer mit der Kraft des gesunden Oberschenkels hinterherziehen. Rutschende Sohlen und Absätze wie ich, sollte man keinesfalls haben. Das ist Pech! Ich komme kaum vorwärts. Es ist eine schweißtreibende Mühsal, die mich an den Steine rollenden Sisyphos denken lässt. Noch heute muss ich bei Lisa rutschfeste Schuhe bestellen! Dass ich mit dem rechten Bein auch noch steuern muss und mit den Augen auf den Verkehr zu achten habe, sei nur nebenbei erwähnt. Es strengt mich auf das Äußerste an. Und das alles mit Bratensaucenhirn, Ventrikeleinbruch und Neglect – was auch immer das sein mag! Ich fühle mich zum ersten Mal schikaniert, so ganz allein im Metropolisverkehr! Natürlich verstoße ich Greenhorn ständig gegen irgendwelche geheimen Verkehrsregeln, stoße mal hier, mal dort mit anderen Verkehsteilnehmern zusammen oder mache Bekanntschaft mit der Korridorwand und so

mancher vorspringenden Ecke. So viele Rüffel und unfreundliche Worte habe ich schon lange nicht mehr zu hören bekommen.

California Blue

Noch beim mühevollen Rollen fängt mich eine bemerkenswert interessante, in ein grünes T-Shirt und weiße Hosen gekleidete, hoch gewachsene, sehr stolz wirkende, blonde Frau ab. „Sind Sie Herr Dr. Wendel?" „Ja!" „Dann nehme ich Sie gleich mit.", sprach's, schnappte sich den Rollstuhl und fuhr mich in ihr Zimmer, wo eine noch jüngere, gleich gekleidete Frau wartete. Meine schöne Fahrerin stellte sich vor: „Ich bin Frau Schwarz, ihre Logopädin, und das hier ist unsere Praktikantin. Wir müssen als Erstes ihren Schluckreflex untersuchen, um festzustellen, ob ihr Schluckapparat nicht auch noch gelähmt ist. Dazu nehmen wir eine Laryngoskopie vor, das heißt, wir führen einen Katheter mit einer kleinen Kamera durch ihre Nase bis in den Rachenraum, um die Muskeln ihrer Speiseröhre beim Schlucken auf dem Bildschirm beobachten zu können. Dazu müssen wir Sie fixieren. Einen kleinen Moment bitte!" Sie telefoniert. Und während mir die Praktikantin freundlich zulächelt, mache ich mir so meine Gedanken, ob ich nicht vielleicht einen anderen Weg hätte nehmen können, um der zweifellos anziehenden Logopädin und ihrer netten Praktikantin aus dem Wege zu gehen. Nun war es zu spät: Die Praktikantin lächelt wie alle Praktikantinnen lächeln und ich denke bei mir, dass ich mich bei der geplanten Prozedur gleich übergeben werde. Schade um ihr Lächeln und den schönen Fußbodenbelag. Wieder schiebt sich eine Art Komitee, diesmal ausnahmslos junge Frauen, in Dunkelgrün und Weiß durch die Zimmertür. Die Frauen packen und halten mich mit dem Ringergriff, der volkstümlich auch „Schwitz-kasten" heißt, fest und fixieren meinen Kopf in ihren reichlich vorhandenen Weichteilen. Die stolze Logopädin, oder war es eine Ärztin? – ich weiß es nicht mehr, schiebt mir derweilen den Katheter mit der Kamera durch die Nase. Ich fühle etwas ganz hinten auf meine Zunge fallen und möchte die Damen eigentlich darauf aufmerksam machen, dass die Kamera wohl einen Popel in der Nase gelöst hat und ich schon zu würgen beginne, aber ich habe gegen den festen Damengriff keine Chance. Sie halten mich sehr gekonnt. Um mich von meinem Brechreiz abzulenken, zeigt die Schöne auf den Bildschirm, wo eine Art Alien seinen eklig schleimenden Schlund gierig schlürfend und schmatzend öffnet und schließt. Später erfahre ich, dass der „Popel" nur die Kamera war, die meine Schluckreflexe aufgezeichnet und dokumentiert hat und dass mit meinen Schluckmuskeln alles in Ordnung ist. Na also, es geht doch noch! Kein neues Gebrechen! Gott sei Dank, ich werde wohl meinen Kaffee auch weiterhin in gewohnt flüssiger Konsistenz und ohne Strohhalm trinken dürfen. Da bin ich aber froh! Die Damen entlassen mich mit einem gelächelten „Wir sehen uns bald wieder!" aus dem Zimmer. Mein Rollstuhl und ich stehen draußen, reichlich verlassen vor einem Rondell, in dessen Mitte eine breite Wendeltreppe nach unten führt. Ich weiß nicht mehr, wie ich hierher gelangt bin, geschweige denn, wo ich bin. Es ist eine mir völlig unbekannte, fremde Welt. Den Umlauf auf jeder Etage begrenzt innen eine Balustrade, von der man bis ganz nach unten ins Erdgeschoss blicken kann. An der runden Außenwand befinden sich Türen zu Arbeits- und Therapieräumen sowie der nach draußen gläserne Fahrstuhlschacht. Vom Rondell gehen in den einzelnen Etagen sternförmig je drei große, durch elektronisch schließende Türen abgeriegelte Korridore zu den Krankenstationen ab. Einer dieser Korridore muss mein Metropolis sein. Wenn ich nur wüsste, welcher. Auf dem Rondell, das an einen Bahnhof erinnert und als „Marktplatz" und Nachrichtenbörse für die jeweiligen Etagen dient, herrscht reges Treiben. Ganz in sorgfältig gebügeltes Weiß gekleidete Ärztinnen und Ärzte stehen mit offenen Kitteln in kleinen Grüppchen zusammen und diskutieren. Der Fahrstuhl öffnet und schließt sich ununterbrochen dumpf rollend für Patienten im Rollstuhl. Schwestern oder Sanitäter schieben Neuzugänge auf hohen, fahrbaren Bahren in die Stationen und andere wieder heraus. Therapeutinnen in weißen T-Shirts und blauen Hosen nutzen den Umgang zum Laufenlernen mit ihren Patienten. Hübsche junge Krankenschwestern, Therapeutinnen oder Praktikantinnen in ihrer farbigen bzw. weißen Oberbekleidung gehen stolz, gerade und mit erhobenen Köpfen wie Mannequins treppauf, treppab, kommen aus den Zimmern und den Stationen oder gehen hinein. Vor den Türen warten Rollstuhlfahrerinnen und -fahrer mit leeren, glanzlosen Augen vor sich hin stierend und dösend, auf ihre Therapien. An der Balustrade betrachten sich in der überwiegenden Mehrzahl neugierige ältere Männer in Discount-Freizeitanzügen mit Krückstöcken oder im Rollstuhl interessiert den Verkehr und vor allem die weiblichen Verkehrsteilnehmer. Mit lautem Knacken schließen und öffnen sich die automatischen Doppeltüren zu den Stationen. Das Grundgeräusch, ein vielstimmiges Gemurmel, wird von den lauten Kommandos der Therapeutinnen, von Gesprächsfetzen, Lachen und Scherzen überlagert. Ab und zu hört und sieht man jemanden weinen. Kurzum: hier pulsiert das Leben der Etagen in allen Farben der Klinikhierarchie. Wer jemanden sucht oder „zufällig" treffen will, kommt hierher und hat sicher Erfolg. Ich mühe mich mit meinem „Bus" durch den regen Verkehr und kann trotz meiner „Behinderung", von der ich allerdings noch kaum etwas weiß, nicht umhin, mich ab und zu nach links oder rechts umzusehen, um hier und da einem besonders gut gelungenen Exemplar der weiblichen Szene hinterher zu schauen. Aber irgendjemand, der mir das nicht gönnt, fährt mit. Ich fühle mich nicht allein in meinem Rollstuhl, denn jeder Hingucker wird durch hartes Anecken oder einem Zusammenstoß mit anderen Verkehrsteilnehmern bestraft. Ich habe das Gefühl, je aufregender die Person, desto heftiger und peinlicher der Zusammenstoß mit anderen Rollstühlen bzw. das Anstoßen an irgendeiner Säule oder der Balustrade. Mein gemurmeltes „Entschuldigung!" oder „Verzeihen Sie bitte!" kommt nicht gut an. „Pass doch auf, du Depp!" ist noch das Mindeste, was ich bei meiner Blindfahrt durch den Verkehr auf dem schmalen Umgang des Rondells zu hören bekomme. Ich fühle mich wie ein mitteleuropäischer Fahranfänger im chaotischen Stadtverkehr von Istanbul oder Izmir. Die Sprache zwischen den Klinikpatienten ist eher rau, was ich, als sich ständig nach rechts und links entschuldigender Akademiker gar nicht gewöhnt bin. Nachdem ich das Rondell einmal umrundet habe, ohne mich für einen Korridor entscheiden zu können, beschließe ich, eine bekannte Person aus meiner Station abzupassen, um ihr zu folgen. Ich hätte ja auch jemanden fragen können, war mir aber nicht sicher, ob ich wegen meiner Sprachstörung verstanden werde. Kaum war ich fertig mit Denken, denn seit dem „Ereignis" sind alle meine Wahrnehmungs- und Denkprozesse stark verlangsamt, wurde ich schon zu meiner Überraschung wieder von hinten angeschoben. „Ich habe Sie schon gesucht, Herr Wendel. Sie müssen jetzt zu mir. Ich bin ihre Psychologin." Die Stimme hinter mir ist angenehm weich und spricht mit klaren Vokalen aber leicht rollendem „r" hochdeutsch – wahrscheinlich alte Bundesländer. Umdrehen kann ich mich leider nicht, da

mein Rumpf noch zu unbeweglich ist. So muss ich mich notgedrungen noch gedulden, bis ich die sympathische Stimme
zu Gesicht bekommen werde. Ihr Zimmer befindet sich am
Anfang unseres Korridors. An dessen Tür hängt ein DIN-
A4-Zettel mit dem Computerausdruck der primitiven Strich-
zeichnung eines menschlichen Kopfes, aus dessen Schädelde-
cke Kringel aufsteigen. Ich weiß bis heute nicht, ob meine
Deutung, dass es sich dabei um einen vom vielen Denken
rauchenden oder qualmenden Schädel, oder einfach um die
Haarlocke eines Patienten handelt, richtig war. Falls es sich
um Rauchkringel handelt, passen sie viel eher zu einer feuchtwarmen, qualmenden Schweißsocke als zu einem vom vielen
Denken heißgelaufenen Gehirn. Aber wieso entweicht dann
der Sockenqualm aus dem Kopf? Ehe ich meine tiefenphi-
losophische Betrachtung zu einem befriedigenden Abschluss
führen kann, sind wir schon im Raum und ich zum ersten
Mal im Leben in psychologischer Behandlung. Vor ihrem Be-
suchertisch fährt die Psychologin eine Kurve und dreht mich
so, dass ich ihrem Stuhl gegenüber sitze. Dann kommt sie in
mein Blickfeld: eine sehr schlanke Brünette im bordeauxrotem
T-Shirt und weißen Hosen. Die halblangen, bei jedem Schritt
wippenden Haare sind am Hals leicht eingerollt, lassen aber
den Blick auf ein offenes, intelligentes Gesicht mit graublau-
grünen (ich kann mich hier auch irren!) Augen frei. Sie hat
selbst in ihrer bordeauxrot-weißen Arbeitskleidung die Ausstrahlung und den Charme eines jungen, adretten und sehr
braven Mädchens aus gutbürgerlichem Hause mit dem Glück,
harmonisch und glücklich aufgewachsen zu sein. „Ich bin ihre Psychologin und werde Sie für die Zeit ihres Aufenthaltes
in unserer Klinik betreuen. Ihr medizinischer Befund ist sehr
kompliziert. Sie haben großes Glück, hier bei uns zu sein.
Wie ich aus ihrer Krankenakte einschätzen kann", antwortet

sie auf meine Frage nach der vermutlichen Dauer meines Aufenthaltes, „werden Sie sehr, sehr lange bei uns bleiben." Am Beginn des folgenden Gesprächs fragt sie mich, wie ich denn zu meiner Arbeit stünde. Als ich ihr antworte, dass ich mich eigentlich jetzt schon zur Wiederaufnahme meiner Tätigkeit als Dozent und Wissenschaftler bereit fühle, spielt ein kleines Lächeln um ihre Lippen, das mich verwirrt. Schnell gewinnt sie aber mein Vertrauen und wir unterhalten uns über eine Stunde. Bedenkenlos schütte ich ihr mein Herz aus und rede seit dem Ereignis zum ersten Mal wieder frei von Zwängen und mir die ganze Verzweifelung über meine gegenwärtige Situation und das, was mich, wie ich glaube, in der Zukunft erwartet, von der Seele. Na gut, sie ist ausgebildete Psychologin und das ist ihr Job; ich dagegen war schon immer ein misstrauischer, nicht leicht zu überzeugender Mensch und das ist mein erster Kontakt mit dieser, zugegeben, sehr sympathischen Vertreterin ihrer Berufsgruppe. Nach einem Blick auf meinen Tagesplan unter der Plexiglasplatte entlässt sie mich zur Physiotherapie zwei Zimmer weiter, aber nicht, ohne nochmals zu wiederholen, dass ich damit rechnen müsse, sehr, sehr lange hier bleiben zu müssen. Ich fahre, nun aber doch ein wenig traurig, aus ihrem Zimmer, nicht ohne wieder „bestraft" zu werden: Ich stoße kräftig mit meinem Gefährt an den linken Türpfosten. Natürlich bin ich nun verspätet, was mir von einer, mich schon auf dem Korridor empfangenden Physiotherapeutin im weißen T-Shirt und blauen Hosen einen Rüffel einträgt. Gott sei Dank klingelt in diesem Augenblick das Telefon. Es muss wohl die nette Psychologin sein, die mich für die Verspätung entschuldigt, denn die junge Dame in Weiß-Blau wird zunehmend friedlicher. Sie fordert mich auf, in das Zimmer zu fahren. Nein, sie schiebt mich nicht, sondern sieht interessiert zu, wie ich mich mühe. Rumms! Wieder der linke Türpfosten, den ich mit dem Rollstuhl touchiere, was mich nun doch zu nerven beginnt.

Im Zimmer stehen zwei blau bezogene, doppelt breite Therapieliegen. Gleich links vom Eingang sitzt wahrscheinlich die Chefin in aller Wichtigkeit beschäftigt an einem kleinen Schreibtisch und an der gegenüberliegenden Seite trainiert eine ältere Patientin im Rollstuhl ihr gelähmtes Bein an der Sprossenwand. Vor der breiten Fensterfront steht ein Mann in einem raffiniert ausgedachten Ungetüm, einem wahren Foltergerät, dem sogenannten Stehtisch angeschnallt und stiert angestrengt und irgendwie abwesend auf die „Schweizer" Landschaft. Er kämpft mit irgendeiner seiner Körperfunktionen, um es nobel auszudrücken. Die vermeintliche Chefin, eine junge Frau, vielleicht Anfang/Mitte dreißig, erhebt sich. Ihre dunkelblonden Haare trägt sie wie eine Ballettmeisterin, sehr straff nach hinten zu einem Knoten gefasst, was einerseits ihr schmales Gesicht betont, es anderseits aber auch streng aussehen lässt. Sie ist eine aparte Erscheinung, die weiblichen Reize durch ein zu großes, weißes T-Shirt und weite blaue Krankenhaushosen anscheinend bewusst verhüllt. „Herr Wendel? Ich bin ihre Physiotherapeutin." „Aha, so sieht also die Frau aus, die mich zum zweiten Mal im Leben auf die Beine stellen soll." Dieser Gedanke verwirrt mich. Ich würde in diesem Moment wohl viel dafür geben, um zu wissen, ob ihr das gelingt! Sie macht einen Vertrauen erweckenden und kompetenten Eindruck. Ich wäre sogar ohne Vorleistungen bereit, ihr in meiner ganz privaten Rangliste der guten Menschen in meinem Leben einen der vorderen Plätze einzuräumen, wenn sie meine Erwartungen erfüllen kann, was sie hoffentlich niemals erfahren wird. Ihre erste Aufgabe sieht sie darin, mir zu zeigen, in welch katastrophal schlechter Verfassung mein Körper ist. Sie fragt mich nach solch unwichtigen Dingen wie Tag, Datum und Jahreszeit, was mich im Augenblick herzlich wenig interessiert, da ich ja keine Termine habe! Erster Minuspunkt: „Herr Dr. Wendel ist zeitlich nur grob orientiert", notiert sie sich. Dann bekomme ich einige mittelschwere Rechenaufgaben aus dem Bereich „großes Einmaleins", die ich eben noch so lösen kann. Sie öffnet eine Schublade ihres Minischreibtisches, holt ein kleines Holzklötzchen heraus und streckt es mir zwischen Daumen und Zeigefinger entgegen: „Versuchen Sie, mir das mit ihrer linken Hand zu entwenden." Fehlanzeige – Meine Hand rührt sich trotz aller Bemühungen nicht. Dann soll ich mich auf eine der beiden Liegen setzen. Ich wüsste nicht wie! Also sucht sie zur Verstärkung eine zweite Physiotherapeutin. Beide heben mich stöhnend aus dem Rollstuhl und lassen mich auf die Liege plumpsen, von der ich beinahe gleich wieder heruntergefallen wäre. Sie stützen und halten mich in der Vertikalen, aus der ich ständig nach links abzukippen drohe. Dann legen sie mich auf den Rücken und bitten mich, Körper und Kopf gerade auszurichten. „Liegen Sie gerade, Herr Wendel?" „Ich denke schon." „Na was denn nun. Ja oder Nein?" „Ja", hauche ich überrascht von dem strengen Ton. Seit vielen Jahren ist niemand mehr so streng fordernd mit mir umgesprungen. „Dann sehen Sie nach und antworten Sie noch einmal", befiehlt sie förmlich. „Sportunterricht 4. Klasse", schätze ich und versuche, über meinen Bauch hinwegzuschauen. Viel sehe ich nicht, aber was ich da erblicke, erschreckt mich: Meine Beine liegen rechts der Körpermitte und ich insgesamt krumm wie eine nicht EU-konforme, zu stark gekrümmte Banane. Mein Kopf ist nach links geneigt, so dass die Augen zu Seite schauen. „Bitte versuchen Sie, ihren Körper gerade auszurichten", klingt es nun schon freundlicher, denn ich sehe wohl gar zu armselig aus, um nicht selbst bei den hartgesottensten Physiotherapeutinnen noch ein we-

60

nig Mitleid zu erzeugen. Alle meine Bemühungen, Beine, Arm und Kopf zu sortieren und gerade auszurichten, lassen mich schier verzweifeln. Den linken Arm fühle ich überhaupt nicht, ja ich weiß noch nicht einmal, wo er sich befindet. Liegt er nun auf der Liege oder hängt er in der Luft und mit ihm die gesamte linke Rückenseite, einschließlich der entsprechenden Pobacke? Obwohl ich mich in der Mitte der superbreiten Liege ausgestreckt habe, meine ich, nach links herunterzufallen. Mein Kopf ist vor Anstrengung nass, aber die Mienen der beiden Therapeutinnen sind unerbittlich: „Herr Wendel, sie können nicht herunterfallen. Sie liegen gut und außerdem sind wir auch noch da, um Sie zu halten! Liegen Sie endlich gerade!" Es ist eine Tortur, die ohne Ergebnis bleibt. Am liebsten würde ich irgendwo versinken, so schäme ich mich. Nicht einmal gerade liegen kann ich mehr: „Wir werden noch sehr viel Arbeit miteinander haben", versucht mich die Chefin auf ihre Art zu trösten. Verzweifelt und niedergeschlagen verlasse ich am Ende meiner ersten physiotherapeutischen „Einheit" das Zimmer. „Rumms" macht es wieder. Natürlich der linke Türpfosten! Das ist wie der letzte Tropfen, der das Fass überlaufen lässt. Jetzt muss ich mich zusammennehmen und mir ernsthaft Gedanken machen, wie ich das alles hier überstehen soll und ob ich überhaupt noch weiterleben will oder nicht.

Gleich gegenüber haben die Ergotherapeutinnen ihren Raum – mein nächstes Ziel. Vor der Tür hat sich eine längere Schlange von Patienten in Rollstühlen gebildet, an deren Ende ich mich einreihe. Nach einer Weile werde ich aufgerufen und rolle los. Um in das Zimmer zu gelangen, muss ich eine scharfe Rechtskurve fahren. Auch dieser linke Türpfosten macht Bekanntschaft mit meinem „Bus".

An einem großen Tisch sitzt eine unterkühlte, junge, sehr naturblonde Frau mit kurzem Pferdeschwanz – ein Typ, wie er in fast jeder TV-Soap sein schauspielerisches Unwesen treibt. Sie ist mit einem dunkelblauen T-Shirt und weißen Hosen bekleidet. Das Shirt steht ihr gut und bildet einen interessanten Gegensatz zu dem hellblond-blassen Typ. Aber es verstärkt auch ihre kühle Ausstrahlung, die mich ein wenig an Grönland während der letzten Eiszeit denken lässt. Da sie kaum lächelt, wirkt sie fast schon gletscherhaft eisig. „Kommen Sie zu mir, Herr Dr. Wendel. Ich bin ihre Ergotherapeutin. Wir werden uns in der Hauptsache um ihren linken Arm und die Hand kümmern. Außerdem versuchen wir, sie für den Alltag fit zu machen. Das heißt bei uns ADL. Sie lernen wieder selbständig essen, sich zu waschen, Zähne zu putzen, sich aus- beziehungsweise anzukleiden sowie einfachen Tätigkeiten nachzugehen. Wollen Sie eigentlich wieder arbeiten?" „Aber natürlich will ich das und je eher, desto besser!" Sie schaut mir kurz in die Augen und sich anschließend sehr genau meine Hand an und bittet mich, sie vorn anzuheben, das Gelenk zu drehen und die Finger zu bewegen. Alles Fehlanzeige, es passiert nichts. Nur manchmal zuckt eine Sehne, so schwach, dass ich es selbst kaum bemerke. Die Grönländerin ist damit aber hochzufrieden, denn das Zucken zeigt, dass noch schwache Impulse aus dem geschädigten Gehirnabschnitt an Nerven, Bänder und Muskeln weitergegeben werden und die, wie sie mir erklärt, Hoffnung auf Besserung lassen. Dann testet sie die Sensibilität von Arm und Hand. Sie bittet mich, zum Fenster hinauszuschauen, sagt mir aber nicht, was sie vorhat. Von Zeit zu Zeit fragt sie, ob ich etwas spüre oder empfinde. Nichts. Nein, ich spüre rein gar nichts! Dann erlaubt sie mir zu schauen und ich sehe, wie sie mich in den linken Arm kneift, zwickt und mit den Enden einer aufgebogenen Büroklammer in die Fingerkuppen sticht. Ich fühle nichts, nicht einmal ein zartes Kribbeln, geschweige denn Schmerz. Es ist

niederschmetternd! Nach der ergotherapeutischen Funktions-
analyse, wie sie das nennt, verlasse ich frustriert den Raum,
natürlich nicht, ohne wieder gegen den linken Türpfosten zu
stoßen. Wiederholt muss ich dabei an Butler James und sein
„Problem" mit dem Tigerkopf in „Dinner for One" denken.
Daran ändert auch das alles in allem karge Mittagsmahl auf
dem Korridor nichts. Ziemlich deprimiert wieder zu Hause in
meinem Zimmer, lasse ich mich für den kurzen Mittagsschlaf
von einer Schwester auf das Bett legen, auch, weil mir der
Hintern vom Rollstuhlsitzen gehörig schmerzt. Ich beschließe, mich zusammenzureißen, der Traurigkeit keinen Platz einzuräumen und es mit Humor zu versuchen. Mit Blick auf die
beruhigende, weil vorrangig grüne Landschaft, schlafe ich, immer noch traurig, schnell ein.

Endlich ist es Sonntagvormittag und ich darf eine Stunde länger schlafen. Die Sonne brennt auf meine Schweizer
Landschaft und selbst die Klinikgeräusche wirken feiertäg-
lich getragen. Schwester Sandy hat mich mit einem fröhlichen
„Guten Morgen, Herr Wendel" geweckt, gewaschen, gegugelt,
gekämmt und fein angezogen. Lisa hat mir ein knallgelbes T-
Shirt mitgebracht. Gelb ist nun nicht gerade meine Lieblings-
farbe. Ich stehe eigentlich auf dunkelblau. Aber Sandy hat
das Gelbe im Schrank entdeckt und ist begeistert. Ich muss
es mir sofort anziehen lassen. Der Perle aus der Altmark, wie
ich die immer freundliche und gut aufgelegte Schwester heimlich nach ihrer Geburtsregion nenne, kann niemand etwas ab-
schlagen. Also gebe ich klein bei, fühle mich in diesem Oberteil aber wie Biene Majas Willi. „In dem Signalgelben kann
man Sie sofort und überall auf dem halbdunklen Flur erkennen", versucht sie mich zu trösten und lächelt schelmisch, als
die Rede auf Willi kommt. „Willi Wendel klingt ja auch nicht
schlecht. Außerdem bringen Sie ein bisschen Farbe auf die

Station." Tatsächlich sind viele von meinem Willihemd entzückt und schauen mir mit einem Lächeln hinterher. Selbst die gestrenge Chefin der Physiotherapie, die Ballettmeisterin, wird weich werden, wenn sie mich morgen in diesem Outfit sieht. Kleider machen eben doch Leute! Sogar hier, wo alle mit sich selbst beschäftigt scheinen.

So sitze ich in Knallgelb in meinem schwarzen Rollstuhl, farblich ein Wahlergebnis vorwegnehmend, warte auf den Ruf zum Frühstück und zappe mich aus Langeweile durch die Programmauswahl des Fernsehers. Da mir weder der Sinn nach seichter Unterhaltung im sonntäglichen Fernsehgarten noch dem katholischem Gottesdienst oder schreienden Kindern steht, gelange ich bald zur Radioliste. Auf den Privatsendern, die nur Hits versprechen, höre ich unglaublich schnell sprechende Moderatoren. Sie wollen sämtlich den Hörern glauben machen, ihre albernen Scherze, über die sie ständig selbst lachen müssen, seien unglaublich witzig und intellektuell. Das nervt! Außerdem interessiert mich im Augenblick weder die gestrige Konsistenz des Stuhlganges von Dieter Bohlen noch das aktuelle Versteck von Boris Beckers Genital. Es ist mir völlig schnuppe! Da höre ich doch lieber meine Nachbarin am Frühstückstisch über ihre Schwierigkeiten mit dem Blasenkatheter dozieren. Sowohl die überbunten, sich hastig überholenden Bilder als auch die sinnlos und schnell sprechenden Moderatoren strengen mich unglaublich an und ich bekomme Kopfschmerzen. Plötzlich aber höre ich es! „California Blue", gesungen von Roy Orbison. Das an diesem strahlenden Sonntagmorgen, hier in der Neurologischen Klinik! Es klingt wie ein Versprechen auf das Leben. Spontan öffne ich meine Zimmertür, stelle die Musik lauter, fahre an meinen Essplatz, und all die deprimiert finsteren Gesichter am Frühstückstisch hellen sich auf. Manche glanzlosen Augen blitzen wieder ein bisschen. Einige jüngere Schwestern versuchen Tanzschritte und trällern mit. Selbst Sergej hebt seinen massigen Schädel, lässt den hohen Stullenstapel aus den Augen und verzieht seinen vollen Mund zu einem breiten Grinsen. So wenig braucht es, um eine Gruppe depressiver, in ihrer Krankheit gefangener und enttäuschter Menschen für einen Augenblick zum Lächeln zu bringen. Und ich? Ich bin glücklich, das ausgelöst zu haben. Es ist ausgerechnet ein bayerischer Sender, von dem ich sonntags morgens eigentlich Kirchenlieder und Schrammelmusik erwartet hätte. Er gibt uns allen hier an diesem Tisch für einen Moment das Gefühl zurück: Leben kann doch schön sein!

Selbst meine Nachbarin, Frau Ernst, lächelt selig mit ihrem im Rollstuhl fixierten Kopf vor sich hin und zwinkert mir aus den Augenwinkeln zu. Die Arme kann nicht sprechen und muss von einer Logopädin gefüttert werden. Wegen ihrer Schluckstörungen bekommt sie ausschließlich gesüßten Brei. Irgendetwas gefällt ihr nicht, denn sie schiebt den Brei, sehr zum Missfallen der jungen Logopädin, wie ein Baby immer wieder aus dem Mund heraus. Dabei blickt sie mich hilfesuchend an. Ich frage sie, ob es ihr nicht schmeckt. Sie blinzelt mir zu, was so viel wie „eklig" heißt. „Aber der Brei ist doch süß, mögen Sie nichts Süßes?" Sie blinzelt mich wieder an und schüttelt leicht ihren Kopf. Also nicht. Daher frage ich die Logopädin: „Merken Sie nicht, dass sie nichts Süßes mag. Sie stopfen ihr das Zeug in den Mund und ärgern sich, wenn sie alles wieder herausbringt. Gibt es denn keinen herzhaften Brei?" „Doch!" „Na dann machen Sie ihn ihr doch!" Meine Nachbarin, deren Augen während des Gesprächs zwischen der Logopädin und mir hin und her gewandert waren, scheint glücklich, dass sie endlich den eklig süßen Brei nicht mehr in den Mund gestopft bekommt.

Nachmittags ist Besuchszeit. Gruppen und Grüppchen von Verwandten und Freunden schieben sich über unseren Korridor. Erstbesucher gehen langsam, wie tastend, mit unsicheren, bangen Blicken und aufgeregten Mienen. Sie wissen noch nichts. Wie ist ihr Angehöriger untergebracht? In welchem Zustand werden sie ihn vorfinden? Was haben sie oder er zu erzählen? Sie stauen sich vor dem Schwesternzimmer in der Mitte des rund 50 m langen Korridors und alle wollen mit der Ärztin, zumindest aber mit der Oberschwester, sprechen. Andere, oftmals einzelne Personen sind routinierter. Sie kommen nicht zum ersten Mal, kennen die Lokalität bereits und gehen zielsicheren Schrittes auf die entsprechende Zimmertür zu. Seltsamerweise werden fast alle Gruppen durch eine besonders couragierte, zumeist ältere Frau resolut angeführt. Es scheint so, als hätten Frauen einen angeborenen Führertrieb und sie wissen in medizinischen Fragen zumeist besser Bescheid als Männer und darum gebührt ihnen auch die Führerschaft bei familiären Krankenhausbesuchen. Kinder rennen oder trappeln ohnehin immer vornweg. Sie haben wenig Respekt und sind neugierig. Ihnen gefällt der Korridor zum Austoben und Wettlaufen. Männer halten sich bieder zurück und finden sich vornehm und steif, mit auf dem Rücken verschränkten Händen stolzierend, am Gruppenende. Sie überspielen Ängste und Sorgen um die Gesundheit ihrer Angehörigen. Von Lisa weiß ich, dass sie mich heute mit meiner in Belgien wohnenden Tochter und den beiden Enkelinnen Isabel und Maxie besucht. Ungeduldig erwarte ich meine Frauentruppe. Im Zimmer halte ich die Warterei nicht aus und fahre zur Ausschau nach draußen. Endlich sehe ich sie am anderen Ende des Korridors das Rondell verlassen und im Pulk der vielen Besucher die Automatiktür passieren. Die zweijährige Maxie führt die kleine Truppe furchtlos und energisch an. Sie stolziert ernst und wichtig, kämpft sich auf ihren kurzen Beinchen, ohne sich nach links oder rechts umzublicken, durch den Besucherstrom. Sie ist von ihrer Mission, Opas Zimmer zu finden, förmlich beseelt. An meinem Rollstuhl hält sie ernst inne, umklammert mit ihrer kleinen Hand die Armlehne des Gefährts und schaut sich erst jetzt triumphierend nach ihren Begleiterinnen um. Selbst nachdem Mama, Oma und die sich ängstlich an ihre Mutter drückende große Schwester Isabel mich begrüßt haben, lässt sie mich noch nicht los. Ich bin in meinem äußerst interessanten Rollstuhl ihre Beute. Erst als sie in meinem Zimmer Opas automatisches Bett entdeckt, das sich hervorragend zum Klettern und Hoch- und Herunterfahren eignet, bin ich für sie nicht mehr interessant.

Manche Angehörige, wie Lisa, kommen jeden Tag, um ihre Kranken selbst zu pflegen. Lisa kommt immer mit vollen Taschen. Meine Kleidung muss den Klinikerfordernissen angepasst werden. Also weg mit dem kurzen, hinten geschlitzten OP-Hemdchen und her mit dem Schlafanzug. Die praktischste aller Hosen ist für Schlaganfallpatienten zweifellos die Freizeithose mit Gummizug und den schmalen weißen Streifen für rund 15 Euro vom Discounter. Sie lässt sich schnell und bequem an- und ausziehen und die Streifen außen an den Hosenbeinen dienen den Patienten zur Orientierung. Lisa hat auch Polohemden und T- Shirts gekauft. Unterwäsche sowieso. Die bisher von mir bevorzugte weiße Unterwäsche aus Doppelfeinripp, die schon meine Mutter für mich gekauft hatte und die ich bisher brav durchs Leben getragen habe, ersetzt Lisa modesicher, aber ohne sich vorher mit mir beraten zu haben, durch farbige Baumwollunterwäsche. Auch der Vorderschlitz entfällt, modische Boxershorts sind angesagt! Strümpfe brauche ich keine, die stellt die Klinik und sollten jeden Montag gewechselt werden. Nein, es reicht nicht, dass die Schwestern mir jeden Morgen eine Heparinspritze zur Blutverdünnung und Thromboseverhütung in den Bauch jagen, der bald einer farbigen Landkarte ähnelt. Es müssen bei der Hitze auch noch lange, weiße Elastikstrümpfe, mit einem schicken, blauen Band am Oberschenkel sein. So haben alle Rollstuhlfahrer weiße Strümpfe an, was besonders modisch bei denen aussieht, die wegen der andauernden Hitze kurze Hosen tragen. Da viele Patienten durch langes Liegen Muskelschwund an den Beinen haben, sehen diese manchmal so dünn aus, als trügen sie ihre Strümpfe über den blanken Knochen.

Auch Sergej hat Besuch. Seine Frau, herausgeputzt, stark geschminkt und sehr farbig gekleidet, stöckelt neben einem dunkelhaarigen, fülligen Teenager, offensichtlich die Tochter der Familie „Sergej", der bunt angezogen auf ebenso hohen, dünnen Absätzen, sogenannten High Heels, wie ihre Mutter läuft. Daneben trabt an Mamas Hand eine vielleicht zehnjährige Miniaturausgabe von Sergej über unseren Korridor. Die drei tragen wie ihr Vater schwarze Lederjacken. Sie sind sehr ernst. Der Teenager sieht ein wenig verheult aus – vielleicht gibt es schlechte Nachrichten aus der Heimat.

Lisa möchte heute die Cafeteria im Erdgeschoss besuchen, in der man unter Sonnenschirmen auch im Freien sitzen kann. Trotz meiner Bedenken ob der vielen Menschen, die mir Angst einflößen und mich panisch werden lassen, schiebt sie mich resolut zum Fahrstuhl. Der Aufzug ist voller Besucher. Es riecht aufdringlich nach Schweiß, Parfüm und Deodorant. Ich bin so bedient von dem Gedränge und den verschiedenartigen menschlichen Ausdünstungen und Gerüchen, dass ich am liebsten wieder zurück ins Zimmer fahren möchte. Lisa ist unerbittlich. Auch die große Eingangshalle ist voll fremder Menschen, die sich wenig angepasst bewegen. Sie lärmen, als wären sie auf dem Jahrmarkt. Alle Sitzgelegenheiten sind besetzt. Selbst im Außenbereich, auf der Terrasse, finden wir kein schattiges Plätzchen mehr. Die Menschen drängen sich unter den wenigen Sonnenschirmen. Auf fremde Kranke wird kaum Rücksicht genommen. Sie sitzen in Grüppchen zusammen, gießen mitgebrachten Kaffee aus Thermoskannen in die Tassen und essen selbst gebackenen Kuchen. Alles schwatzt und lacht und die Kinder toben lärmend und nervend zwischen den Tischen herum. Hier in der prallen, heißen Sonne und all dem Lärm möchte ich keinesfalls sitzen. Die Cafeteria ist noch voller. Wir kommen kaum herein. In einer langen Schlange schieben sich Menschen dicht an dicht vor die Theke, hinter der zwei höchst unfreundliche Damen Eis, Kaffee und Kuchen verkaufen. Lisa ist nun überzeugt, dass mir die vielen Menschen nicht gut tun und wir versprechen uns, es unter der Woche noch einmal zu versuchen. So meiden wir künftig den Freisitz der Cafeteria an Wochenenden. Wochentags ist es hier schön leer. Das Personal bleibt gleichbleibend unfreundlich, was uns verwundert, da das Café, von einer Familie bewirtschaftet, eine wahre Goldgrube zu sein scheint. Wir essen Eis mit Schlagsahne und trinken Kaffee, bis wir eines Tages beschließen müssen, die Schlemmerei aus Gewichtsgründen einzustellen. Heute aber gibt Lisa klein bei und fährt mich zurück in mein kühles, nach Norden gelegenes Zimmer, wo wir mitgebrachtes Gebäck essen und Krankenhaustee trinken.

Am nächsten Morgen erlebe ich erstmalig die Chefvisite. Ich sitze frisch gewaschen, sorgfältig gekämmt und gegugelt im Rollstuhl neben dem Bett und warte auf das große Ereignis. Um mir die Zeit zu vertreiben, übe ich mich im Lesen von Spaltentext, wozu sich der SPIEGEL hervorragend eignet. Endlich höre ich vor meiner Tür Gemurmel. Es klopft flüchtig und herein kommt ein relativ kleiner, grauhaariger Herr, der in makelloses, fehlerfrei gebügeltes Weiß gekleidet ist. Sein ebenso frischweiß gebügelter Kittel ist wie bei allen Ärzten dieser Klinik nicht zugeknöpft und weht hinter ihm her. Ich glaube, die ziemlich eitle Ärzteschaft der Klinik möchte mit ihren reinweißen und sorgfältig gebügelten, wehenden Mänteln ihr „riesiges" Arbeitspensum und den Zeitmangel, somit ihre Wichtigkeit unterstreichen. Jeder soll wissen, dass es ihnen die viele verantwortungsvolle Arbeit nicht einmal erlaubt, die Kittel zu schließen. Hinter dem Chef betreten die Ober- und Stationsärztinnen und -schwestern sowie alle verfügbaren Stationstherapeutinnen, also eine feudal-fürstliche Suite von etwa 12 Frauen, das Zimmer. Ängstlich und unsicher suchen meine Augen bekannte Gesichter. Die Psychologin ist wie vor der Prüfung sichtlich konzentriert, die Ergotherapeutin schaut wie immer grönlandeisig. Im Gesicht meiner strengen Ballettmeisterin glaube ich ein kaum sichtbares, aufmunterndes Lächeln zu entdecken und nur Frau Obst, die mich sonst mit Übungen am Computer traktiert, lächelt mir mütterlich zu, als wolle sie mich jeden Augenblick wie ein kleines Kind zum Schutz an ihren beachtlichen Busen drücken. An ihrem Gesicht kann ich mich festhalten. Sie allein gibt dem Zimmer in der geballten professionellen Kälte, die dieser Expertenkreis um mich herum verströmt, Wärme. Ach, die junge freche, immer lachende, immer freundliche Praktikantin der Physiotherapie hätte ich beinahe vergessen. Sie steht ganz hinten und feixt mich als Einzige kess an. Sie scheint noch kein Verständnis für Hierarchien im Allgemeinen bzw. für die Bedeutung ihres Chefs im Besonderen zu haben. Dieser gibt mir gerade seine kleine, weiche Hand ohne den geringsten Druck und begrüßt mich. Nun erwarte ich ein: „Wie geht es ihnen?" oder „Wie fühlen Sie sich?" Nein, der Herr Profes-

70

sor fragt im doppelten Sinn des Wortes von oben herab: „In welchem Fach haben Sie denn promoviert?" Überrascht falle ich fast aus meinem Rollstuhl vor seine Füße. Seit 40 Jahren arbeite ich in akademischen Einrichtungen, aber so herablassend hat mich noch nie jemand nach Titel und Beruf gefragt. Das klingt doch wie: „Haben Sie überhaupt einen richtigen Doktortitel?" Na gut, ich antworte ihm höflich: „Ich habe an der Philosophischen Fakultät im Fach Prähistorische Archäologie promoviert." Und er wieder von oben herab, schnöselig: „Ach so, Archäologie? Na ja!" Wahrscheinlich ist er ein eitler Vertreter jener Kreise von Ärzten, die es für unmöglich halten, dass außerhalb der Medizin noch in anderen Wissenschaften vollwertige akademische Titel erworben werden können. Dann befragt er die für mich zuständigen Damen aus seinem Gefolge über meinen Zustand. Zuerst spricht die gertenschlanke, hochgewachsene Oberärztin, doch noch ganz empört, höre ich gar nicht hin. Nur das Wort „Neglect" lässt mich aufhorchen. Die Psychologin spricht als nächste, leise, aber wohl akzentuiert und in klaren Sätzen. Ich verstehe etwas von Depressionen, hohem Leidensdruck und Selbstvorwürfen. Sie müsse noch intensive Gespräche mit mir führen, bevor sie mit den Therapien beginnen kann. Ihre Kollegin aus der Physiotherapie, meine Ballettmeisterin, lässt sich über den Kraftgrad meiner Extremitäten und den Allgemeinzustand meines zerflossenen und gemarterten Körpers aus. „Prognose?", fragt sie der Professor. „Im Außenbereich Rollstuhl und in der Wohnung, wenn wir Glück haben, mit Vierpunktstock, aber in ständiger Begleitung." Zum Schluss werde ich vom Professor danach gefragt, was ich mir selbst von der Reha erwarte und ob ich denn vorhätte, wieder arbeiten zu gehen. „Vor allem", antworte ich, „möchte ich auf meinen beiden Beinen ihre Klinik wieder verlassen und danach schnellstens meine berufliche Tätigkeit wieder aufnehmen. Meine mentalen Fähigkeiten sind mir im Großen und Ganzen ja erhalten geblieben." Alle sehen sich betroffen an, als könnten sie nicht glauben, was sie da eben gehört haben. Selbst der kessen kleinen Praktikantin ist das Lachen gefroren und sie schaut ebenso betreten drein wie alle anderen. Eine so negative Reaktion habe ich nicht erwartet und bin entsetzt und verstört. Hatte ich da etwas Falsches von mir gegeben? Später, in der Therapiestunde muss mir die arme Psychologin diese Reaktion erklären. Sie versucht es damit, dass allgemeine Enttäuschung darüber geherrscht habe, dass ich die ganze Reha nur auf das Laufenlernen reduziert hätte. Ja aber, das ist mein erster Schlaganfall und ich bin zum ersten Mal in einer Reha. Was weiß ich denn davon, was hier mit Menschen wie mir getrieben wird. Außerdem muss ich ja Prioritäten setzen. Ich glaube ihr die durchsichtige Notlüge nicht und sie bemerkt das. Also versucht sie es noch einmal. Vergeblich! Wieder auf den eigenen Beinen stehen und laufen zu können, hat nun mal in dieser Rehaphase für mich absolute Priorität. Viel schlechter dran sind die Patienten, deren kognitive Zentren in der linken Gehirnhälfte vom Schlag betroffen und die rechts gelähmt sind, kaum sprechen, lesen oder schreiben können. Ihnen fehlen die einfachsten Worte. Weder kennen sie die Bedeutung eines Löffels noch die eines Bleistifts, können nicht schlucken, schlecht atmen und haben die Kontrolle über ihre Körperfunktionen nahezu vollständig verloren. Angesichts dessen darf ich meine Behinderung, so schwer sie auch sein mag, nicht zum Mittelpunkt meines und meiner Familie Dasein werden lassen. Ich sollte mich nicht beklagen, sondern mein Schicksal in aller gebotenen Demut annehmen und alles in meinen Kräften Stehende unternehmen, um meine körperliche Verfassung zu verbessern.

Zum Schluss der Veranstaltung bekomme ich wieder des Professors nichtssagende Hand fast nicht zu spüren und alles rauscht hinaus zum nächsten Besuch im Nachbarzimmer. Enttäuscht, niedergeschlagen und auch ein bisschen wütend über die professionelle und menschliche Kälte der Visite bleibe ich zurück. So ein ganz kleines bisschen Aufmunterung in meiner Sch ... situation hätte ich mir schon gewünscht. Wie immer aber in solchen Fällen werden mein Ehrgeiz und mein verbliebener Reststolz nun erst recht angestachelt und ich nehme mir fest vor, dieses, mein Ziel, nicht mehr aus den Augen zu verlieren und auf beiden Beinen, sei es nun mit oder ohne Stock bzw. des Professors Wohlwollen, durch den Klinikausgang nach draußen zu gehen. Von wegen Rollstuhl und Vierpunktstock wie im Pflegeheim! Da muss ich jetzt selbst durch und zwar auf meine eigene Art. Oder sollte die kluge Psychologin genau diesen Effekt beabsichtigt haben? Wenn ja, dann müsste ich mich künftig vorsehen und ihr nicht mehr so viel aus dem Bauch heraus erzählen.

Sie erachtet es übrigens als notwendig, meine Augen untersuchen und wegen des Neglects auch das Gesichtsfeld überprüfen zu lassen. Die Doppelbilder vom Anfang habe ich nicht mehr und auch das Lesen von Spaltentext wird nach meinen Übungen mit dem SPIEGEL wieder besser. Anfangs verrutsche ich beim Lesen zwar immer noch in der Zeile oder lese in der rechten Spalte weiter, ohne mit der linken fertig zu sein, so dass der Text keinen Sinn mehr ergibt. Das Ergebnis der orthooptischen Untersuchung beruhigt mich: Meine Augen sind durch den Schlaganfall nur geringfügig schlechter geworden und das Gesichtsfeld ist nicht eingeschränkt, was sich vielleicht auf eine spätere Genehmigung zum Autofahren positiv auswirken kann.

Bei uns in Bernburg . . .

Die Klinik und das Leben auf der Station beginnen von Tag zu Tag interessanter zu werden. Da ich mich zunehmend an die vielen Tabletten und den relativ stabilen, niedrigen Blutdruck gewöhne, werde ich wacher und lebhafter. Mit dem Verstand kehrt langsam auch das kritische Beobachtungs- und Urteilsvermögen zurück. Die Veränderungen im Gehirn schmerzen nicht. Allerdings werde ich immer öfter und vor allem von Lisa ermahnt, meinen Kopf gerade zu halten, sie beim Sprechen anzusehen und beim Zuhören den Mund zu schließen. Mein Gesichtsausdruck wirkt mit halboffenem Mund doch gar zu blöd und das kann sie nicht leiden. Statt ihr in die Augen, schaue ich bei unseren Gesprächen, ohne es zu wollen, wie abwesend rechts an ihr vorbei durch das Fenster, auf die sich bewegenden Baumwipfel des nahen Waldes oder einfach nur ins Leere. Im Wind wiegende Bäume faszinieren mich seit der Kindheit und ich könnte ihnen auch heute noch stundenlang aus dem Fenster meiner Phantasiewelt dabei zusehen. Auch die Therapeutinnen rücken mir immer wieder den Kopf gerade und ermahnen mich: „Hier bin ich, Herr Wendel!" Mein Körper gleicht einer Großbaustelle. Die Psychotherapeutinnen arbeiten am Kopf mit seinen mentalen Unzulänglichkeiten, die Ergotherapeutinnen am gelähmten linken Arm, der Schulter und der Hand. Rumpf, linkes Bein und die Wiederherstellung der Mobilität sind Sache der Physiotherapeutinnen. Auch die Grundkrankheiten wollen behandelt sein und die Vitalwerte auf die entsprechenden Levels eingestellt werden. Darüber hinaus beschäftigen sich Ärzte und medizinisches Personal mit den Folgen des verspäteten Entfernens des Blasenkatheters, wie Harnwegsinfektion und Blasenentzündung, aber auch mit Schein- und Muskelschmerzen sowie diversen unangenehm juckenden allergischen Hautreizungen oder mit meinen Sturzverletzungen. Lisa ist für die verwundete Seele zuständig. Ist es nun eine Folge des Schlaganfalls oder hat das mit den Kleinkinderspielen in der Ergotherapie zu tun, aber ich habe zunehmend das Gefühl zu infantilisieren und mich mehr und mehr dem Gemütszustand meiner Kindheit anzunähern. Bezugspersonen werden immer wichtiger, wie auch abends Lisas zarte, weiche Hände beim Zubettgehen. Beim Vorlesen einer Gute-Nacht-Geschichte, wie der vom kleinen Häwelmann, die ich noch aus meiner Kindheit kenne, sind wir zwar noch nicht angekommen, aber ein Kuss und eine längere „Streichel- und Kuscheleinheit" sollten schon sein. Auf die Babyflasche Milch oder Kakao morgens und abends kann ich zwar noch verzichten, aber laute Menschen kaum ertragen. Schimpfen und Meckern sind mir reichlich zuwider. Es schüttelt mich dann wie früher als kleiner Junge. Bei kaltherzigen Menschen, die mich nur als „neurologischen Fall" oder herablassend behandeln, mich mit Vorwürfen überschütten oder ständig bevormunden wollen, schalte ich einfach ab und verkrieche mich wie eine Schnecke in ihr Haus in meine Phantasiewelt. „Herr Wendel, wir müssen jetzt schön schlafen gehen!", fordert mich eine neue Schwester auf, die ihren Aufsehen erregenden „Pamela-Anderson-Vorbau" auf der Station wie eine Trophäe vor sich herträgt. „Sie können sich schon mal ausziehen. Ich komme gleich nach", antworte ich ungeniert. Natürlich ist sie beleidigt. Oder sie fordert mich beim morgendlichen Waschen schnippisch auf: „Könnten Sie sich vielleicht mal auf die Seite drehen?" „Mal sehen", antworte ich und bleibe einfach liegen. Das ist nicht einmal unhöflich, denn ich bin hier in einer neurologischen Reha und da ist ziemlich viel erlaubt, was ich schon recht bald mitbekommen habe. Die im Verlaufe meines Lebens dick gewordene Hornhaut auf der Seele, die mich natürlich schützte und das, was von anderen Menschen „rüberkam" einigermaßen gleichmütig ertragen ließ, ist wie weggeraspelt. Alles drängt nun ungefiltert nach innen und verletzt mich wie ein kleines sensibles Kind.

Bei der klugen Psychologin und ihren sämtlich gut aussehenden Helferinnen in bordeauxroten T-Shirts und weißen Hosen qualmt nun doch mein Kopf. Ich fühle mich hier manchmal wie beim TÜV für die Zurechnungsfähigkeit des menschlichen Gehirns, wenn es denn so etwas gäbe. Bei ihr und der warmherzigen Frau Obst sitze ich jetzt zumeist am PC, muss Aufgaben lösen oder darf am Bildschirm spielen, was ich früher schon nicht mochte und jetzt erst recht nicht. Die Funktionen meines Gehirns werden mit allen zur Verfügung stehenden psychologischen Methoden und Tricks überprüft: Gedächtnis, logisches Denken, geteilte und ungeteilte Aufmerksamkeit, Reaktions- und Lernfähigkeit, um nur einige zu nennen.

Kluge Psychologin! Die wohltuend distanzierte, freundliche und immer beherrschte Psychologin wird mir von Tag zu Tag schöner und neben der gestrengen Physiotherapeutin immer stärker zur Bezugsperson. Meine „Beziehung" zu ihnen ist natürlich rein platonisch: Kindergarten, etwa mittlere Gruppe. Wir führen lange Gespräche, manchmal sogar auf höherem geistigem Niveau. Es geht aber auch einfacher, wenn ich wieder einmal, so wie heute, an meinen intellektuellen Fähigkeiten zweifeln muss. Bisher bin ich jedes Mal, wenn ich in ihr Zimmer gefahren bin, prompt an den linken Türrahmen gestoßen, der inzwischen schon meine Marke in Form einer nicht zu übersehenden Schramme trägt. Ich wundere mich ohnehin, dass ich von der Anstalt noch nicht in Regress genommen wurde, da ich nicht nur die Tür der Psychologin auf diese Weise „verziert" habe, sondern alle anderen auch, durch die ich in dieser Klinik gefahren bin.

Heute erschallt ein winziges „Kikeriki" in mir, als ich zur Psychotherapie fahre. „Kikeriki" heißt in diesem Fall, ich nehme mir wie ein in seine Kindergartentante verliebter kleiner Junge ganz fest vor, ihr zu beweisen, dass ich schon auf dem Weg der Besserung bin und nicht mehr anstoßen werde. Ich klopfe, mein Herz übrigens auch, und sie ruft: „Herein!" Durch die offene Tür sehe ich ihre anmutige Jungmädchengestalt am Schreibtisch sitzen und fahre festen Blickes, aber mit dem Herz schon fast in der zu kleinen Tasche meiner Billighose, durch die Tür: „Rumms" macht es wieder. Erschrocken, schuldbewusst und zutiefst von mir enttäuscht, frage ich sie traurig: „Bitte sagen Sie mir die Wahrheit, bin ich denn nun wirklich plemplem?" Sie beruhigt mich: „Nein Herr Wendel, sie sind nicht plemplem, gewiss nicht, aber das ist ihr Neglect!", sagt sie mit einem feinen, wissenden Lächeln. Na da bin ich ja beruhigt, will es aber nun endlich wissen und bitte sie, mir doch zu erklären, was Neglect eigentlich bedeutet. „Neglect", beginnt sie, „ist ein englisches Wort, bedeutet soviel wie Vernachlässigung und bezeichnet eine Aufmerksamkeitsstörung, die ausschließlich die gegenüberliegende Seite der Gehirnverletzung betrifft. Ihre Blutung war in der rechten Gehirnhälfte, die für ihre linke Körperseite verantwortlich ist. Sie vernachlässigen ihre Aufmerksamkeitszuwendung nach links. Das betrifft sowohl ihren Körper als auch den Raum links von ihnen. Der Neglect kann sich auch auf ihre Wahrnehmungen wie Hören, Sehen, Fühlen, Riechen oder

Schmecken erstrecken und wird ihnen auch damit Schwierig-keiten machen. Sie haben nur einen Restneglect, was heißt, dass der Neglect bei ihnen weniger ausgeprägt ist, und da Sie sich der Problematik schon bewusst sind, können Sie auch die Vernachlässigung bis zu einem gewissen Maße kompensieren. Neglect hat ursächlich aber nichts mit ihren Sensibilitätsstö-rungen auf der linken Seite zu tun, wenngleich beide Beein-trächtigungen oft zusammen vorkommen." „Und gibt es da-für eine Heilung?", frage ich besorgt und traurig. „Nein, aber wenn Sie sich des Neglects bewusst sind, haben Sie gute Chan-cen, ihn ständig zu minimieren, um wesentlichen Gefahren aus dem Weg gehen zu können. Die meisten Patienten sind sich des Neglects überhaupt nicht bewusst, ja sie sind bera-tungsresistent oder leugnen seine Wirkungen. Noch einen Rat möchte ich ihnen gern geben: Versuchen Sie bitte unbedingt, ihre Abneigung oder Hassgefühle gegen ihre Hand abzubau-en. Sie ist und bleibt auch weiterhin ein wichtiges Körperteil von ihnen, das Sie noch brauchen werden!" Mit dieser geball-ten Breitseite bin ich für heute entlassen und fahre – wieder einmal – niedergeschlagen ins Zimmer zurück.

Auf dem Rückweg sehe ich Sergej in einer Nische zwischen Stationstür und Rondell sitzen. Hier ist sein Lieblingsplatz, denn er hat von seiner unauffälligen Position nicht nur den Aufzug, sondern auch das gesamte Rondell, die Treppe und alle Besucher fest im Blick. Dank des stabilen Funknetzes, kann er an dieser Stelle ungestört mit seinem Handy telefo-nieren, denn die offiziellen Zimmertelefone haben für die meis-ten Patienten viel zu teure Vorwahlnummern. Sergejs Blick ist traurig und leer wie der vieler Fremder, die sich tagtäglich im oder am Bahnhof treffen, nur um der Heimat, dem vergange-nen Leben und ihren Lieben ein winziges Stück näher sein zu können. Geschäftige Geräusche, knarrende Lautsprecherstimmen und kreischende Bremsen erinnern an die Heimfahrt. Das Rondell ist nach der großen Eingangshalle im Erdgeschoss der „Bahnhof" der Klinik. Sergej hat sichtbar Heimweh und Sehnsucht nach den Seinen. Er wird von den Schwestern oft recht rüde ermahnt, nicht selbständig aus seinem Rollstuhl auszusteigen. Er hält sich dann am Handlauf, der die Wände des Korridors wie eine Ballettstange ziert, fest und übt allein das Laufen. Das ist ohne Einwilligung der Therapeuten untersagt, weil die Sturzgefahr aus verschiedenen Gründen sehr hoch ist. Sergej hat unser Gesundheitssystem wahrscheinlich nicht verinnerlicht. Wenn er stürzt und sich Verletzungen zuzieht, muss jemand dafür haften und bezahlen. Die diensthabenden Schwestern haben Angst vor Aufsichtsbeschwerden, denn jeder Sturz muss protokolliert werden und die Klinik darf keinesfalls in Regress genommen werden. Deshalb müssen alle selbständigen Übungen von den entsprechenden Therapeuten vorher schriftlich freigegeben werden. Ich kann Sergej verstehen: Er will mit aller Macht schnell wieder auf beiden Beinen stehen, wie wir anderen übrigens auch, und den Prozess des Laufenlernens meint er am besten selbst beschleunigen zu können. Deshalb büxt er immer wieder aus und schwänzt die Therapien.

Heute steht Herr Binder bei ihm in der Ecke. Herrn Binder, der nach mir auf die Station gekommen ist, kann man im Riesenbau der Klinik ganz schnell orten: Er spricht sehr laut und hat eine ständige Floskel, die er nahezu jedem Satz, der lärmend aus seinem Mund quillt, voranstellt: „Bei uns in Bernburg …", und dann kommt zumeist ein unpassender Vergleich. Aber „bei uns in Bernburg" ist grundsätzlich alles besser, schöner und klüger geregelt als im übrigen Deutschland. Der Herr, ein Schwadroneur, Aufschneider und Hans Dampf in allen Gassen, ist überall und nirgends. Sein „Bernburg" schwebt wie sein strenger Körpergeruch in allen Räumlichkeiten, die er gerade mit seiner Anwesenheit beglückt, steigt nach oben und bleibt unter der Decke hängen. Trotz meiner ständig verklebten Nase, könnte ich seiner „Duftspur" überallhin folgen und ihn im Haus aufspüren. Wo man steht und geht oder rollt: „Bernburg" ist überall. Er sitzt abends mit seinem Rollstuhl in einer rauchenden Männergruppe vor der Klinik und schwadroniert über die Vorzüge Bernburgs vor allen anderen Orten dieser Welt. Erzählt einer über seinen letzten Urlaub auf Mallorca, fällt er ein: „Bei uns in Bernburg war auch einer ..." Will die Schwester ihm abends gegen 8 Uhr eine Spritze verpassen, belehrt er sie: „Bei uns in Bernburg gibt es die Spritzen im Krankenhaus schon halb acht." Für uns alle am Esstisch der Station klingt Bernburg wie die letzte Verheißung. Es ist unser aller goldenes Atlantis in dieser schlechten und verdorbenen Welt und Herr Binder ein moderner Platon, der uns dieses Paradies wie ein Immobilienhai, der Schrottimmobilien verkaufen will, anpreist. Er teilt sein lautes, aufschneiderisches Heimweh nach Bernburg mit jedem und allen. Obwohl Besitzer eines Hauses mit riesigem Grundstück am Rand von Atlantis-Bernburg, muss er ein sehr unglücklicher Mensch sein. Manchmal denke ich mir, sein Klinikbett wüsste noch heute so manche neckische Schnurre aus dem schönen Bernburg zu erzählen. Obwohl er verheiratet ist, habe ich seine Frau nie gesehen. Sie hat ihn wohl nicht besucht. Er ist ein einsamer Mann. Was er und Sergej in der Nische zu bereden haben, entzieht sich meiner Kenntnis und sprengt den Rahmen meiner Phantasie. Weder spricht, so viel ich weiß, der Herr aus Bernburg auch nur einen Brocken Russisch, noch Sergej Deutsch. Außer einem akzentuierten: „Danke, danke, bitte", wenn ihm jemand geholfen hat, habe ich kein deutsches Wort je aus seinem Mund vernommen. Der

Gesprächsinhalt mag somit ihr Geheimnis bleiben. Sie haben sich wohl trotz aller Sprachbarrieren gut auf „Bernburg'sch international" verstanden. Wenn zwei Männer Heimweh haben, dann finden sie sich, auch ohne die Sprache des anderen zu verstehen, wie ein liebestoller Kater den anderen. . . bei der Katze!

Kommen wir aber wieder zur Psychologin. Trotz meiner Niedergeschlagenheit an jenem Tag, muss ich sie natürlich weiter besuchen. Sie ist sehr wichtig! Entscheidet sie doch über der Patienten künftiges Schicksal. Ihre Gutachten und Einschätzungen sind mitentscheidend dafür, ob jemand wieder arbeiten kann oder die sogenannte EU-Rente (Erwerbsunfähigkeitsrente) beantragen muss, was für jüngere Leute natürlich eine Katastrophe ist und den sozialen Abstieg nach sich zieht. Auch liegen das Wohl und Wehe eines jeden Autofahrers, dessen geistige Fähigkeiten zum Führen eines Kraftfahrzeuges sie prüfen muss, in ihrer Hand. Die Psychologin hat eine wichtige Position auf der Station, ist sie doch erstens der Kummerkasten für Patienten und deren Angehörige und muss zweitens auch die entsprechend schlechten Nachrichten an die Frau bzw. den Mann bringen. Ich habe des Öfteren Leute zutiefst verstört und mit Tränen überströmten Gesichtern aus ihrem Zimmer kommen sehen. Das alles verlangt von ihr viel Einfühlungsvermögen, aber auch die notwendige professionelle Distanz und Härte.

Das Lokführerdiplom

Bei mir hat sie also ein Aufmerksamkeitsdefizit festgestellt. Es hapert zuvorderst an der so genannten geteilten Aufmerksamkeit, wie sie beispielsweise beim Autofahren verlangt wird. Der Fahrer hat den Weg zu finden, gleichzeitig den Verkehr zu beobachten und zu analysieren. Auch das Lenken, Kuppeln und Bremsen darf er dabei nicht vergessen, ganz abgesehen davon, dass auch diverse Verkehrszeichen zu beachten sind und nicht aus den Augen gelassen werden sollten. Zur Therapie aller Hirnleistungsdefizite gibt es heute speziell entwickelte Computerprogramme, die der Probanden Fähigkeiten und Leistungsniveau bewerten und ausweisen. Die meisten Trainingsprogramme habe ich bei der warmherzigen Frau Obst zu absolvieren. Bei höheren Aufgaben zur Schulung des logischen Denkens, das mir als sogenannter Geisteswissenschaftler zugegebenermaßen manchmal etwas schwer fällt, steht sie hinter mir und hilft mit Tipps weiter, um mir Minuspunkte zu ersparen. Sie ist eine gute Seele. Wer seinen Urlaub, wie sie mit ihrem Ehemann, an den Seen und in den Wäldern der Lausitz beim Angeln und Pilze sammeln verbringt, kann kein schlechter Mensch sein, denke ich mir! Für mich ist sie die warmherzigste Person, der ich in dieser Klinik begegnet bin. Sie baut Patienten seelisch auf und lässt keinen an seinen Aufgaben verzweifeln. Berührt von ihrer Nächstenliebe, beobachte ich manchmal ein wenig eifersüchtig, wie liebevoll sie auch mit anderen Patienten umgeht. Wenn ich mich zu ihrer Therapie ein wenig verspäte, steht sie zumeist schon im

Rondell und wartet auf mich. „Herr Dr. Wendel, ihre Schicht hat bereits begonnen. Der Zug ist eingefahren und wartet auf Sie!" Dann rolle ich ganz schnell in ihr gemütliches Zimmer, eine mit vielen persönlichen Gegenständen ausgestattete, aus dem Rahmen fallende Oase, einem behaglichen Wohnzimmer gleich und sicherlich einzigartig in dieser Klinik. Schon beim Hereinkurven, natürlich auch hier nicht ohne das obligate Anecken am Türrahmen, sehe ich auf meinem PC-Monitor den Zug mit der vorgespannten starken Diesellok abfahrtsbereit stehen. Ich bremse den Rollstuhl fest, schließe die Tür der Lok auf, springe trotz meiner Behinderung locker und gewandt wie ein Zwanzigjähriger in den Führerstand und vergewissere mich, ob alle Armaturen in Ordnung sind. Dann löse ich die Bremsen des Zuges, es kommt das Abfahrtssignal und los geht es durch eine knallbunte Landschaft à la Bollywood. Ein Anzeiger in Form eines laufenden grünen Balkens gibt mir die unbedingt einzuhaltende Geschwindigkeit vor, die ich während der Fahrt ständig anzupassen habe. Die Strecke hat natürlich Signale, die es zu beachten gilt. Je höher der Schwierigkeitsgrad, desto komplizierter die Hindernisse. Mal taucht ein Streckenposten auf, der den Zug plötzlich stoppt, mal laufen Tiere neben oder auf den Gleisen, plötzlich liegt ein Baumstamm quer über den Schienen. Dann muss der Zug natürlich sofort angehalten werden. Das Schönste an diesem Übungsprogramm sind die wirklichkeitsnahen Geräusche. Leider habe ich als armes Nachkriegskind nie eine elektrische Eisenbahn besessen, darf aber bei Frau Obst zum ersten Mal in meinem Leben richtiger Lokführer sein. Die Übung, die auch anderen männlichen Patienten gut gefällt, strengt mich zwar gehörig an, aber von Mal zu Mal gelingt es mir besser, manchmal mit ein wenig Unterstützung durch Frau Obst, meinen Zug unfallfrei an sein Ziel zu bringen. Anscheinend beunruhigen meine Erfolge die Psychologinnen, ich glaube fast sie neiden sie mir, denn sie beschließen, meine Konzentration zu stören, indem sie hinter meinem Rücken mit anderen Patienten interessante Dinge besprechen, die meine Neugier wecken und mich gezielt ablenken könnten. Natürlich überfahre ich deswegen mal hier, mal da ein rotes Signal oder übersehe den Streckenposten mit der roten Fahne. Mein Leistungsniveau fällt ab, was mich ärgert und wütend macht.

Bei meiner Psychologin habe ich anspruchsvollere Therapieaufgaben am PC zu lösen, die meine vollste Konzentration erfordern. Heute soll ich beispielsweise einen immer schneller von oben nach unten über den Bildschirm springenden Ball mit einem nur waagerecht zu bewegenden Brett am unteren Bildschirmrand fangen und wieder abprallen lassen. Keine schwere Übung, aber eine, bei der man nicht den Bruchteil einer Sekunde geistig abwesend sein darf. Fragt sie mich doch während der Übung, sie sei im Stress und ob ich etwas dagegen hätte, wenn sie während meiner Therapiestunde noch einen zweiten Patienten behandelt. Natürlich habe ich etwas dagegen, aber wie könnte ich Nein sagen. Unmöglich! Also sitzt die Anmutige mit jemand anderem hinter meinem Rücken und veranstaltet verschiedene lustige Spiele. Solche läppischen Aufgaben, die der oder die andere zu lösen haben, kann ich doch! Aber ich fühle mich gehörig in meiner Konzentration gestört. Am liebsten möchte ich helfen und vorsagen, nur damit ich wieder meine Ruhe habe. Jetzt habe ich schon wieder einen Ball verpasst. Und so geht das fröhlich weiter! Ich werde immer schlechter und die anderen immer lustiger. Der Höhepunkt der psychologischen Infamie folgt erst noch: „Man" beginnt sich hinter mir im Flüsterton über mich zu unterhalten. Jetzt reicht es aber! Es beginnt in mir zu kochen, ich werde ganz böse und beschließe, *die* mit Nichtachtung zu strafen. So eine Gemeinheit! Ich kämpfe im wahrsten Sinne des Wortes im Schweiße meines Angesichts darum, den Ball unter meine Kontrolle zu bringen, um die nächsthöhere Stufe erreichen und Bester sein zu können, und dann kommt man mir leistungsbereitem Menschen mit solchen gemeinen Psychotricks. Das Schlimme an der Sache ist, dass die Psychodamen meinen Ärger und die Enttäuschung kühl und distanziert beobachten. Ein bisschen Anteilnahme hätte ich nach meiner Meinung schon verdient. Als ich das abends empört meiner Tochter am Telefon erzähle, bezeichnet sie mich unter Lachen als unverbesserlichen Streber. Na, genau das hatte mir noch gefehlt! Ein bisschen Mitleid zumindest von ihrer Seite hätte ich schon erwarten dürfen. Aber denen werde ich es zeigen! Jetzt erst recht! Nur einfach nicht hinhören. Und es klappt: Langsam werde ich wieder besser und kämpfe mich nach oben. Beileibe nicht in allen Übungen komme ich an die Spitze, obwohl es mir eigentlich zustünde, aber in einigen Disziplinen, wie dem Zugführen übrigens auch, lange ich ganz oben an. „Ich habe die 16. Stufe geschafft!", teile ich meiner Mentorin stolz wie ein Eisenbahnbeamter mit, schiebe mir die Mütze aus der verschwitzten Stirn, säubere meine öligen Hände mit Werg und schnaufe tief und beglückt durch. Frau Obst aber schaut mich zweifelnd und eiskalt zugleich an, drückt zwei, drei Tasten und schwupp, stuft sie mich auf diese Weise wieder auf die 10 zurück. „Erst wenn Sie es noch einmal schaffen, kann ich es akzeptieren. Sie müssen ihre Leistung bestätigen." Mein Gott! Kann mir das denn nicht jemand vorher sagen, die ganze Freude ist erst einmal umsonst. Das kann ich leiden, wenn jemand die Spielregeln während oder nach dem Spiel verändert. Das scheinen die Psychologen am meisten zu lieben. Aber es hilft nichts, ich muss auch da durch. Also los geht's, auf ein Neues! Nach einigen Tagen, denn so eine

Zugfahrt dauert rund 20 Minuten, bin ich wieder soweit. Jetzt hoffe ich auf eine Art Siegerehrung mit Übergabe des Lokführerdiploms oder wenigstens einer Plakette „Bester Lokführer" für den Rollstuhl. Aber nichts geschieht. Selbst die ungeliebte Volksarmee der DDR hatte Auszeichnungen wie „Bester Soldat" für die einfachen Soldaten und Gefreiten bereit. Und hier? Nichts! Keiner nimmt von meiner Leistung Kenntnis. Ich fahre immer noch unerkannt in der dunklen Rollstuhlfahrermasse durch die Korridore, stoße weiter an jeden Türrahmen und selbst Lisa, der ich stolz von meinem Erfolg erzähle, nimmt es einfach so hin, als wolle sie sagen: „Spiel dich nicht so auf!" So soll man nun gesund werden, wenn einem nicht einmal ein bisschen Anerkennung zuteil wird! Gewöhnt an die fast automatischen, alljährlichen Auszeichnungen in der DDR als „Aktivist" und „Verdienter Aktivist" scheint mir die heutige Leistungsgesellschaft, die auch in dieser Klinik praktiziert wird, doch reichlich ungerecht! Leistungen werden, wenn keine Medien dabei sind, einfach nicht gewürdigt! Aber wo soll ich armer unbekannter Schlucker das Fernsehen bestellen und mich dafür bezahlen lassen, wie einige Prominente, die gerade in der letzten Zeit ihre Hirnschädigungen für viel Geld vermarkten!

Ka, Ki, Ko ...

Lisa hat auf meinen Wunsch und zur Erbauung einen Band mit Briefen und Erinnerungen von Theodor Fontane mitgebracht. Ich bin seit meiner Jugend ein großer Verehrer seiner Erzählkunst und lese in dessen Werken immer dann, wenn es mir schlecht geht. Das Lesen der Zeitschrift mit dem Spaltentext nervt mich, da mein Interesse an Politik, Wirtschaft, Sport und Boulevard mittlerweile gegen null tendiert und ich mit den dünnen Sommerausgaben schnell fertig bin. Außerdem „vergesse" ich regelmäßig die letzten zwei, drei, vier Zeilen der linken Spalte zu lesen, bevor ich in der rechten oben weiterlese. Das macht natürlich keinen Spaß. Die Schuld für diese Nachlässigkeit gebe ich dem „schlampigen Layout" der „Sauregurkenzeit" und nicht richtigerweise mir selbst! Bei Fontane dagegen regt nichts auf, er reizt nicht und ist auch nicht aufdringlich. Der Blutdruck, von dem ich so abhängig bin, steigt nicht beim Lesen. Jede Zeile beruhigt. Ich werde in der Folgezeit zum wiederholten Mal noch die Bände „Vor dem Sturm" und „Der Stechlin" lesen, in eine andere Welt eintauchen, um auf diese Weise den langen Klinikaufenthalt zu ertragen. Fontane verkürzt mir die reichlichen Wartezeiten, wie eben noch vor dem Zimmer der Logopädin. Frau Schwarz, die stolze Blondine, hatte ich wegen ihrer hochdeutschen Aussprache für einen Import aus den alten Bundesländern gehalten. Wie überrascht war ich, als sie mir erzählte, dass sie aus dem westthüringischen Städtchen Eisenach stammt. Im dortigen Museum hatte ich, wie der Zufall des Lebens so spielt,

Anfang der 60er Jahre des vorigen Jahrhunderts nach bestandenem Abitur ein halbjähriges Praktikum zur Vorbereitung meines Studiums abzuleisten. Natürlich wurden Praktika damals entlohnt! Es war der erste bezahlte Job meines Lebens, richtig mit Arbeitsvertrag und Gehaltsstreifen! Die Stadt im Schatten der Wartburg mit ihrer evangelisch-lutherischen Burgstiftung, Lutherzimmer, Bachhaus, Weimarer Klassik und Autowerk muffelte damals im Geruch einer dogmatischen SED-Kreisparteileitung vor sich hin. Heute ist der proletarische Parteimief durch die dumpf wabernden, säuerlichen Ausdünstungen national-patriotischer, bier- und sangesseliger Burschenschaften und schlagender Studentenverbindungen ersetzt. Nie und nimmer hätte ich geglaubt, dass dieser Bildungsbürgerflecken im Schatten der alles überragenden Burg so schöne Mädchen hervorbringen kann. Damals, im zarten Alter von 18 Jahren, konnte ich, trotz intensiver Feldstudien, nichts Vergleichbares entdecken. Die Mutter der Logopädin war wohl noch zu jung, um meine Aufmerksamkeit zu erregen und die Großmutter für einen schüchternen achtzehnjährigen Praktikanten eher schon zu reif. Aber was ist die stolze Sprechtherapeutin doch für ein schöner Fortschritt in der genetischen Entwicklung der städtischen Bevölkerung Westthüringens in den letzten 50 Jahren! Also, mein schöner Fortschritt möchte mir doch bitte die Stimme wiedergeben, damit ich nicht bis zum Lebensende wie Marlon Brandos „Pate" stimmlos heiser herumflüstern muss. Außerdem hoffe ich, die flüssige klare Aussprache und Stimme, die meine Studenten von mir kennen und vielleicht auch zu schätzen wissen, wiederzuerlangen, um sie damit bald wieder beglücken zu können. Die thüringische Schöne und ihre freundlich lächelnde Praktikantin aus den alten Bundesländern machen sich voll Eifer an die Arbeit, und ich arbeite fast ebenso begeistert mit. Ka, Ka, Ki, Ki, Ko, Ko muss ich rhythmisch kurz oder langgezogen aus mir herausschreien. Dann soll ich zur Stärkung der Stimmbänder gähnen, was ich wirklich gut kann, und siehe da: nach einigen Übungsstunden ist meine Stimme fast schon wieder in alter Stärke da. Besonders eifrig ist die nette Praktikantin aus Westfalen diesen Übungen zugetan. Mir scheint dieses kompetente, deutsch-deutsche Duo, das mir hier erfolgreich die Stimme wiedergibt, ein vielversprechendes Symbol für die Überwindung meiner Stimm- und Sprachprobleme und letztlich der logopädischen Trennung unserer geliebten Heimat zu sein.

Meine Stimme habe ich nun wieder. Jetzt geht es los mit Sprechübungen. Zur Einführung muss ich zahlreiche Grimassen schneiden, die mir meine beiden Übungsleiterinnen voll Eifer und Ernst, aber mit thüringisch-westfälischem Charme vormachen. Viele Schlaganfallpatienten haben partielle Lähmungen der Gesichts-, Zungen- und Rachenmuskulatur, die sich als schlimme Schluck- und Sprechlähmungen äußern und natürlich therapiert werden müssen. Ich fühle Spannungen in der linken, tauben Gesichtshälfte, und auch meine Zunge ist auf dieser Seite gefühllos. Vor dem Schlucken der zahlreichen Tabletten, pflege ich diese sorgfältig auf die Zunge zu legen, spüre dabei aber nur die auf der rechten Seite liegenden Pillen und Kapseln, was mich natürlich irritiert.

Auch beim Mittagessen kann schon einmal ein größerer Brocken Fleisch in der linken Backentasche unzerkaut liegen bleiben, ohne dass ich das sofort bemerke. Er taucht dann spätestens bis zum Abendbrot wieder auf. Natürlich bin ich nicht der Einzige, der nachkäut. Es ist immer lustig zu beobachten, wie viele Patienten mit „Hamsterbacken" vom Tisch aufstehen, weil sie meinen, ihre Mahlzeit beendet zu haben. Sie kauen dann irgendwann im Laufe des Tages weiter.

Das Grimassenschneiden macht mir keine Freude. In meinem Gesicht ist ja auf den ersten Blick alles in Ordnung. Trotzdem bekomme ich einen Zettel mit dem schwarz-weiß kopierten Gesicht einer jungen Frau, die, nach ihrer Frisur zu urteilen, alle diese Grimassen schon in den 50er oder 60er Jahren des vorigen Jahrhunderts dargestellt haben mag. Vielleicht ist sie darüber verschieden. Ich jedenfalls möge sie doch bitte in meinem Zimmer vor dem Spiegel nachmachen und die Grimassen trainieren! Heute kann ich es ja bekennen: Der Zettel mit der reichlich antiquierten jungen Dame hat zwar brav bis zur Entlassung an der Pinnwand in meinem Zimmer gehangen, aber trainiert habe ich die Grimassen nur unter Aufsicht in den Therapiestunden. Die einzige Anomalie in meinem Gesicht ist ein fröhlicher kleiner Manneken-Pis-Strahl, der beim Mundausspülen nach dem Zähneputzen aus meinem geschlossenen linken Mundwinkel sprudelt. Er ist so lustig, dass ich das Schauspiel bei jedem Zähneputzen wiederhole, um mich daran zu erfreuen.

Bei den Logopädinnen muss ich auch literarische Texte laut, betont und mit den richtigen Atempausen vorlesen, was mich anfangs sehr anstrengt. Geschichten nacherzählen und aus meinem Leben berichten gehört ebenso zur Logotherapie wie die richtige Lautbildung. Ich fühle mich manchmal in meine Studentenzeit zurückversetzt, als ich einen Sprach- und Rhetorikkurs auf Hochdeutsch zu absolvieren hatte, weil man mir das Sächsische austreiben wollte. Die Sprechübungen bei meinem fleißigen Logoduo bekommen mir gut, denn auch das Sprechen normalisiert sich innerhalb einiger Wochen wieder. Damit sind die Einzeltherapien obsolet und es folgen die teilweise recht unterhaltsamen Gruppentherapien. Nicht nur lustig, sondern geradezu grotesk wird dort das Grimassenschneiden im Kollektiv. Wir sitzen mit einer sehr jungen, (äußerlich etwa 10. Schuljahr!) und sehr kleinen, blonden Logopädin im Kreis. Sie macht uns eine Grimasse vor, die wir nachzumachen und danach jeweils an den nächsten Nachbarn bzw. die nächste Nachbarin „weiterzugeben" haben. So sitzen wir ernst, mit verkniffenem Lachen, einander grimassenschneidend zugewandt und sind uns unserer Lächerlichkeit und der Situationskomik bewusst. Das Kichern unterdrücken wir so lange, bis der oder die Erste herausplatzt und uns alle zu einem befreienden Lachen ansteckt, was dann oftmals zum Ende der Übung führt. Überhaupt sind die Gruppentherapien der große Hit in der Klinik. Wenn die Zusammensetzung der Gruppe stimmt, kann es sehr lustig zugehen. Wieder ist es die junge, kleine Logopädin, die eine Gruppentherapie durchführt. Sie gibt uns Papierstreifen mit darauf gedruckten Zungenbrechern, wie der vom Cottbusser Postkutscher, der bei ihr allerdings in Potsdam sein Unwesen treibt. Wahrscheinlich ist sie nicht aus dem Osten, da ihr die bedeutende Sorbenstadt Cottbus an der Neiße weitestgehend unbekannt ist. Sie liest den Spruch vor und gibt ihn weiter. Wer an der Reihe ist, muss den Spruch gleichfalls vorlesen, ihn ohne Vorlage wiederholen und dann soll sein Nachbar oder seine Nachbarin den Spruch mit den gleichen Worten hinterfragen: „Was macht der Cottbusser Postkutscher?", worauf der erste seinen Spruch noch einmal als Antwort wiederholen muss. Versucht doch die Logopädin mir fehlerfrei vorzulesen: „Max wachst Wachsmasken", was ihr nur mit einigen Versprechern gelingt. Durch die Sprechübungen meines deutsch-deutschen Logopädinnenduos gestählt, lese ich mittlerweile fehlerfrei, was Begeisterung aufkommen lässt! Um der hereinbrechenden Heiterkeit zu begegnen, muss jeder in der Runde den Zungenbrecher wiederholen. Keiner schafft es fehlerfrei und die fröhliche Unruhe ebbt deutlich ab. In die einsetzende, betretene Ruhe fragt

mich mein schnauzbärtiges Gegenüber: „Was wachst Max?"
„Wachsmasken wachst Max", antworte ich ihm ordnungsge-
mäß. Der Spruch beflügelt alle, wir schwatzen durcheinander,
jeder versucht nun fehlerfrei zu wiederholen und die Therapiestunde ist gelaufen. Ich habe meinen Spitznamen weg: Max!
Jedes Mal, wenn mein schnauzbärtiger Nachbar in der Nähe
ist, ruft er: „Max! wax, wax, wax." Manchmal bellt er auch
von hinten, so unvermittelt und echt wie ein kleiner giftiger
Köter und Wadenbeißer, dass ich mich erschrecke. Ich finde
das zwar doof, muss es aber ertragen. Seine Erklärung, die er
mir später irgendwann gibt, versöhnt mich ganz schnell. Sagt
doch dieser Schnauzbart in vollstem Ernst zu mir: „Ich belle
für mein Leben gern!" Das ist doch Klasse! Wir passen gut
zusammen, freunden uns an und werden noch manche lustige
Therapiestunde miteinander erleben. Ich mag Menschen mit
Humor, vor allem dann, wenn sie so echt bellen können. Jedes
Mal, wenn es irgendwo in der Klinik bellt und eine Therapeutin oder Krankenschwester vor Schreck laut quiekt, weiß ich
meinen neuen Freund in der Nähe.

Stehtisch und Vierpunktstock

Die Logo-Gruppentherapie findet in einem der Zimmer des Rondells statt. Auf dem Rückweg zur Station muss ich jedes Mal eine halbe Runde im dichten Verkehr absolvieren, ehe ich, an Sergejs Nische vorbei, zur Automatiktür gelange, die sich mir mit einem vernehmlichen Knacken öffnet und schließt. Noch im Verkehrsstau des Rondells steckend, sehe ich von weitem Sergej in sich zusammengesunken sitzen und telefonieren. Bereits aus dieser Entfernung macht er einen tief geknickten Eindruck. Obwohl er seinen Kopf schnell abwendet, als er mich kommen sieht, kann ich im Vorbeifahren einen Blick auf sein tränenüberströmtes Gesicht erhaschen. Sergej, der starke Sergej, der bulgarische Ringer, Mafiaboss oder kaukasische Freiheitskämpfer meiner Phantasie, weint bitterlich. Das ist ein Schock! Es ist immer besonders beeindruckend, wenn starke Männer weinen. Allzu gern würde ich ihm ein paar tröstende Worte sagen, aber sein ganzer zitternder Körper ist Abwehr und ich glaube, außer seiner Familie kann ihm im Augenblick niemand so recht helfen. Also fahre ich möglichst unauffällig vorbei und tue so, als hätte ich nichts gesehen, nehme mir aber vor, ihn bei Gelegenheit mit den wenigen Brocken Russisch, die mir von rund 13 Jahren Unterricht in dieser Sprache geblieben sind, anzusprechen und mich mit ihm zu unterhalten. Es sollte anders kommen!

An Sergej vorbei geht es zur Physiotherapie. Mein Verhältnis zu dieser Therapieform und ihren Vertreterinnen ist ambivalent. Einerseits eröffnet mir die Therapie bei optimaler

Anwendung und eigener Aktivität die einzige Chance, meine Mobilität wiederzuerlangen. Andererseits bin ich schon längst nicht mehr so sportlich und geschmeidig, wie ich es in jüngeren Jahren vielleicht mal war. Physiotherapeutinnen und -therapeuten sind zumeist sportlich durchtrainierte und gestählte Menschen, die vornehmlich in den Kategorien Olympias, also eher körperlich, denken und sich äußern. Wenn also, wie so oft in meiner Anwesenheit geschehen, Omas oder Opas nach dem Mittagessen in der Warteschleife sitzend vor sich hin dösen und eine junge, durch das Mittagsmahl frisch gestärkte und aufs Neue aktivierte Physiotherapeutin tatendurstig aus ihrer Pause kommend ruft: „Hopp, hopp, hopp, alles auf und ab in den Kraftraum, dalli, dalli!", so ist das zum Beginn der Turnstunde in einer 6. Klasse der Hauptschule angebracht, aber nicht bei uns, die wir erst einmal, auch ohne Schlaganfall, unsere Knochen durchzählen und sortieren müssen, ehe wir überhaupt auch nur eine Bewegung zum Aufstehen machen können. Wenn wir dann noch angepfiffen werden: „Na, Herr Dr. Wendel, das gilt auch für Sie! Wohl zu viel ferngesehen gestern Abend, was? Sie sollten nachts schlafen!", dann bin ich bedient, weil es erstens die Unwahrheit ist, zweitens gegen die Menschenwürde verstößt und weil ich drittens kein 12-jähriger mehr, sondern ein mehr oder weniger würdiger, älterer Herr von 63 Jahren bin. Die Therapiestunde ist dann für mich gelaufen, denn ich gehe in den geistigen Untergrund und leiste passiven Widerstand, was natürlich nur mir allein schadet. Da ich aber zu empört bin, ist mir das in diesem Augenblick egal.

Meine gestrenge Ballettmeisterin ist mit allen physiotherapeutischen Wassern gewaschen. Sie kann ganz genau zwischen Faulheit, gnatzigem Widerstand, faulen Ausreden oder körperlichem Unvermögen unterscheiden. Es gibt Zeiten, in denen ich sie hasse und beschließe zu revoltieren und es gibt Momente, in denen ich sie vor lauter Begeisterung über einen neuen Fortschritt küssen könnte, was sie natürlich niemals zulassen würde! Immer aber vertraue ich ihr bedingungslos wie ein Kind, was sie auch weiß. Mein nahezu blindes Vertrauen in ihren geradlinigen Charakter und die ausgeprägten Motivationsfähigkeiten, die mit großer therapeutischer Erfahrung und Strenge gepaart sind, bilden unsere „Geschäftsgrundlage". Holt mich die Psychologin sehr einfühlsam aus tiefster seelischer Schwermut und befreit meinen Geist, so mobilisiert mich die Physiologin aus der körperlichen Depression und lehrt mich, meinen Körper wieder zu spüren. Nur sie und ich wissen, wie schwer dieser tägliche Kampf für uns beide ist. Es grenzt für sie an Schwerstarbeit, mir gewichtigem, großem Mann, der dazu noch wegen seines Restneglects und des Pushersyndroms unverschämt nach links drückt und schiebt, ein unbedingtes Sicherheitsgefühl zu vermitteln und mich das Aufstehen, Stehen, Gehen sowie Treppensteigen zu lehren. Und ich bin weiß Gott nicht ihr einziger Klient am Tag. Ihr Körper wird sie abends schon daran erinnern, was sie am Tage geleistet hat.

Als Erstes lehrt sie mich jedoch das ordnungsgemäße Rollstuhlfahren, was mir noch reichlich schwer fällt. Wie überrascht bin ich doch immer, wenn ich mich auf dem Korridor mühen muss, meinen Rollstuhl mit hohem Kraftaufwand ins Rollen zu bringen und trotzdem von einer Omi im Schnellgang überholt werde. Die alte Dame lässt mich einfach so elegant stehen, wie ein schnittiger Ferrari einen alten verrosteten Lanz-Bulldog. Dabei berühren ihre Fußspitzen kaum den Boden. Genau das ist aber auch das Geheimnis ihres Tempos, denn sie trippelt äußerst flink und leicht mit dem Rolli den Gang entlang. Der querschnittsgelähmte Herr Arndt, dessen Beine gelähmt, die Arme aber intakt sind, kann dagegen kräftig mit beiden Händen in die Schwungräder seines Mobils greifen und es nur mit der Kraft der Arme äußerst effektiv und paralympisch flott über den Korridor bewegen. Beide Techniken kann ich auf Grund meiner Behinderungen nicht anwenden, sondern mich nur, wie beschrieben, mit der Kraft des rechten Oberschenkels mühsam fortbewegen. Die ständige Anstrengung des rechten und seiner Leiste geht am linken, gelähmten Oberschenkel nicht spurlos vorüber. Nach den anfänglichen Sitzbeschwerden beginnt etwa ab Mitte August abends und nachts der linke Oberschenkelmuskel stechend zu schmerzen und zu krampfen. An Schlaf ist nicht zu denken. Ich weiß nicht, wie ich liegen soll. In dem unbeweglichen, schlaffen Bein melden sich während der Aufwachphase aus dem Mittagsschlaf erste „Gefühle" auf eine recht seltsame Art. Ich erhalte im großen Zeh unangemeldet einen starken Nervenimpuls, der das gesamte Bein, von mir unbeeinflussbar, vielleicht einen halben Meter gestreckt hochschlagen lässt. Ich weiß nicht, ob ich den Impuls als Schmerz oder als starken Juckreiz definieren soll, aber das Ganze hält vielleicht 2 Stunden vor. Impuls – Bein hoch, vielleicht 1 Minute Pause, Impuls – Bein hoch. Das ist am Anfang noch ganz lustig, aber ich weiß nicht, ob ich lachen oder weinen soll. Einerseits froh, dass ich überhaupt wieder etwas spüre, werden die Reize bald so stark, dass die Nervenbahnen der linken Körperseite schmerzen und ich nachts Schlafmittel benötige. Die Schwestern oder Lisa reiben den Oberschenkel mit Salbe ein, die jeden Indianer vom Schmerz befreit. Leider bin ich nur ein sogenannter zivilisierter Mitteleuropäer aus dem schönen Land der heutigen Sachsen. Nachts wache ich auf, möchte vor Leid schreien und kann nicht wieder einschlafen. Ich klingle nach der Schwester, lasse mich neu betten und mir einen „Schnaps", das Schmerzmittel im Gläschen, geben. Danach schaue ich, mit dem Kopf ganz dicht an das Bettgitter gepresst, auf die spärlichen Lichter der Schweizer Landschaft, den Sternenhimmel und auf die startenden und landenden Flugzeuge, döse vor mich hin und sehe die Zeiger der Bahnhofsuhr in meinem Zimmer langsam von Strich zu Strich rücken. Manchmal wird die nächtliche Stille durch laute Stimmen, hektisches Rumoren und schnelle Fahrgeräusche eines Bettes oder einer Bahre auf dem Korridor unterbrochen. Dann weiß ich, morgen fehlt wieder jemand am Frühstückstisch. Das berührt mich, betäubt durch „Schnaps" und Schlaftablette, nicht sonderlich. Vielleicht träume ich das alles auch nur. Allabendlich schalte ich jenen süddeutschen Sender ein, der mich mit seiner Musik überrascht und der mich vor dümmlich flachem Gequake und Geschnatter unreifer „Moderatoren" bewahrt. Die Musik entführt mich in längst vergessen geglaubte Zeiten meiner Jugend und lässt mich die scheußlichen Schmerzen manchmal vergessen. Deshalb lasse ich auch nachts den Sender eingeschaltet. Dadurch bin ich beim Aufwachen schneller orientiert und finde leichter in die reale Welt zurück. So manches Mal läute ich auch nach der Nachtschwester, damit sie mich umbettet. Mitternachts wird es höchst offiziell. Dann ertönen gleich drei Hymnen hintereinander: Zuerst jene des süddeutschen Freistaates, danach die gesamtdeutsche und schließlich die Europahymne. Leider kann ich nicht aufstehen und den Hymnen meine Ehrerbietung erweisen, bemühe mich aber auch im Bett um eine angemessene Haltung.

Schon immer habe ich wichtige Lebensabschnitte oder einschneidende Ereignisse mit ganz speziellen Melodien oder besonderen Musiktiteln verbunden. So empfinde ich es als Gnade, wenn ich glauben darf, viele der im Sommer und Herbst von diesem Sender gespielten Titel würden nur für mich allein gesendet. Die Musik mit einem hohen Anteil an sogenannten Oldies wühlt aus meinem Hirn längst vergessen geglaubte Ereignisse, Bilder und Personen an die Oberfläche. Es war die Zeit, der in den Liedern besungenen Dianas, Corinnas, Carols, Ramonas oder Julias und anderer Schönheiten, die einer ganzen Generation weiblicher Babys ihre Namen gegeben haben. So bin ich auf Grund meiner Erfahrung anhand der Namen in der Lage, das ungefähre Alter dieser heute erwachsenen, reifen Frauen zu bestimmen. In den samstäglichen Hitparaden des damaligen Kultmoderators von Radio Luxemburg, Camillo Felgen, Anfang der 60er Jahre des vorigen Jahrhunderts, waren sie alle vertreten. Freddy Quinn fuhr mit der Gitarre auf einem weißen Schiff nach Hongkong und sehnte sich nach Juanita, während seine Mutter zu Hause den Ausreißer beklagte. Deutsche Mütter und Töchter weinten unisono nach dem Jungen, der doch bald wiederkommen möge. Ich war 16 Jahre jung, trotzdem gelang es mir nicht, gegen den reifen Don Camillo zu bestehen. Von den Utes, Monikas, Juttas, Angelikas oder wie sie auch immer zu meiner Zeit hießen, holte ich mir damals massenhaft Körbe. Es war einfach nicht möglich, sich mit ihnen samstags nachmittags zum Kinobesuch zu treffen. Die Mädchen drängte es pünktlich 14 Uhr zum Rendezvous mit Camillo auf der Kurzwelle ihrer heimischen Radios. Uns Jungens, die wir für Freddy Quinn und seine Schnulzen nichts übrig hatten, blieb keine Chance. Wir nahmen es anfangs noch gelassen, schnappten uns einen Ball und bolzten lieber bis zum Abend. Dann erst hörten wir den Freiheits- oder Soldatensender auf Mittelwelle. UKW gab es damals noch kaum! An der Musik von Elvis, Fats Domino, Buddy Holly, Ted Herold oder Bill Haley lag uns mehr als an den Schnulzen eines Ralph Bendix, der erst mit Susann bis in den Morgen tanzte, nur um im nächsten Lied sein Schicksal als Babysitter besingen zu müssen. Wir sexuell verklemmten, oft noch recht pickeligen 16-jährigen Nachkriegs- und Trümmerjungs feixten dazu schadenfroh. Woher sollten wir auch wissen, was uns selbst noch erwartete. Der Lauteste von uns war mit Sicherheit der Nächste, den es erwischte! Und ich? Mein Schicksal saß damals schon in der Parallelklasse ...

Der Rock'n-Roll-Verschnitt des Möchtegernidols Peter Kraus hatte bei uns Jungens keine Chance – der war etwas für Mädchen und deren jung gebliebene Mütter. Fußball spielen und Rock'n Roll hören waren zu jener Zeit genauso schön, aber längst nicht so anstrengend, wie mit einer Stadtviertelschönheit Händchen haltend durch den nahen Park zu spazieren und sich dabei möglichst nicht sehen zu lassen! Ohnehin hatte ich Angst vor dem Knutschen und fand das reichlich albern und eklig, obwohl die damals 16-jährigen Mädchen verrückt danach waren, was ich heute weiß, damals jedoch nicht einmal zu vermuten wagte! Bestimmt war ich noch zu unreif, schüchtern und strengte mich nicht genug an. Manche mit Mühe angebandelte „Beziehung" zu einem dieser angebeteten „Pferdeschwanzmädchen" in ihren Pettycoats und engen Jacken blieb dadurch platonisch oder wurde durch Camillo Felgen und die Stars seiner Hitparaden zerstört. War mir damals auch recht. Ich war offensichtlich noch nicht soweit und spielte lieber mit den Kumpels auf irgendeinem Trümmergrundstück Fußball oder wir stellten Knallkörper her und knallten uns den Frust über Don Camillo und seine weiblichen Fans von der Seele. Die Ingredenzien zum Knallen, wie Unkrautex, Schwefel und Salpeter oder das allseits beliebte Karbid, waren überall noch vorhanden und aus den Trümmern leicht zu bergen. Man musste nur wissen, wo!

Meine panischen Ängste vor der Zukunft sind schon vor längerer Zeit gemeinsam mit dem Fieber gewichen. Der Klinikalltag mit seinen vielen, teils sehr anstrengenden Therapien, den Essens-, Warte- und Besuchszeiten lässt den Aufenthalt wie im Flug vergehen und kaum Zeit zum Nachdenken. Die Welt da draußen, die mir nur Lisa täglich ein wenig näher bringt, ist entrückt und ganz weit weg. Selbst meine geliebte, von mir jahrelang betreute Mutter im Pflegeheim, die auch noch von Lisa und ihrer Schwester besucht wird, ist mir fern. Ich sei zur Kur, hat ihr Lisa auf ihre Fragen nach meinem Verbleib geantwortet. Die Altersdemenz verwirrt sie, so dass sie nicht weiter nachfragt. So macht sie es mir leicht. Da mache ich mir eher Sorgen um Lisa. Wir kennen uns noch nicht allzu lange. Erst seit vier Jahren teilen wir ein gemeinsames Zuhause und unser Leben und ich weiß nicht, ob sie es mit mir und meiner Behinderung nach der Reha aushalten wird.

Dem Rollstuhlfahrtraining folgen in der Physiotherapie Übungen zur Verbesserung der Mobilität im Liegen, Sitzen oder Krabbeln auf allen Vieren. Letzteres fällt mir schwer, weil ich mich nicht mit dem linkem Arm und Bein abstützen kann, sondern sofort nach links umfalle, falls ich es überhaupt einmal schaffe, in eine ähnliche Position zu gelangen. Da geht das Sitzen jetzt schon besser, weil es ständig geschult wird. Außerdem hat das ganztägige Sitzen im Rollstuhl wesentlich zur Stabilisierung meines Körpers beigetragen. Nun muss ich auf dem Rand der Liege sitzen, mich beidseitig abstützen, so gut ich kann, und mehr oder weniger kräftige Schubser von beiden Seiten, vorn und hinten, ertragen und sie mit dem Körper so ausgleichen, dass ich aufrecht bleibe. Manchmal geht das noch schief, aber es wird immer besser. Auf dem Rücken liegend lerne ich wieder gerade zu liegen, mich auszurichten und, ganz wichtig, von einer Seite auf die andere zu drehen. Auf der überbreiten Therapeutenliege geht das im

Sportanzug schon nach kurzer Zeit gut und problemlos. In meinem nur halb so breiten Bett mit Schlafanzug, Bettdecke, Katheter und Gitter habe ich mit dieser Technik nicht die Spur einer Chance: Entweder ich finde mich schon nach einer halben Drehung so nahe an der Bettkante wieder, dass ich entsetzt in den Abgrund blicke und mir jeden Augenblick der Absturz in denselben droht oder das Bettgitter ist hochgezogen und ich hänge fest in die Bettdecke gewickelt, den Kopf an das Gitter gepresst, mit der Nase zwischen den Stangen und kann weder vor noch zurück. Dann überkommt mich ganz schnell wieder die panische Angst, gefangen und gefesselt zu sein.

In der Physiotherapie lerne ich mittlerweile das Stehen. „Wer steht, der geht", wird mir gesagt. Dazu muss ich zwischen zwei Barrenholme am sogenannten Stehtisch, den ich anfangs noch für ein mittelalterliches Folterinstrument gehalten habe, fahren und mich daran aus dem Rollstuhl in den Stand hochziehen. Anfangs schiebt und drückt die Physiotherapeutin, manchmal mit Hilfe einer Praktikantin, noch kräftig, um mich hoch zu bekommen. Damit ich nicht umfalle, werden Füße, Knie und Becken so fixiert, dass ich einen stabilen Stand habe. In Höhe meiner Schulterachseln befindet sich ein Pult, das sowohl horizontal als auch schräg gestellt werden kann. Das Pult dient zur Ablage der Arme, wenn der Patient einfach die „Schweizer Landschaft" mit Parkplatz genießen darf, lesen oder spielen möchte. Alles in allem ist der Stehtisch ein sehr sinnreich ausgedachtes Hilfsmittel, um Leute wie mich wieder in die Vertikale zu bringen und zu stabilisieren. Da er unter der Stehplatte auch noch Rollen hat, kann er mit dem Patienten beliebig verschoben werden, was mir später des Öfteren passiert. Um an bestimmten Gruppentherapien teilzunehmen zu können, werde ich wie ein Karnevalsredner in einer rollenden Bütt über den Korridor in ein anderes Zimmer verschoben.

Zum ersten Mal, nach 4 Wochen liegen und sitzen, stehe ich nun wieder aufrecht, angeschnallt zwar, jedoch aufrecht! Die mittlerweile ungewohnte Höhe meines Blickes lässt mich schwindeln, aber es ist ein Gefühl von Triumph und Stolz, das mich erfasst: „Hier stehe ich, ich kann nicht anders", fällt mir der berühmte Lutherspruch vom Reichstag zu Worms, 1521, ein. Die Haltung im Stehtisch, wohl besser am Stehpult, lässt mich eine Sekunde sogar an Cicero oder Seneca, die großen römischen Rhetoriker, denken. „Halten Sie sich gerade, Herr Wendel", holt mich die Therapeutin sofort von meinem rhetorischen Höhenflug herunter. Daran werde ich mich gewöhnen müssen: Triumphe kann ich hier in dieser Anstalt weder genießen noch auskosten, sondern werde immer wieder schnell auf Rollstuhlsitzhöhe zurückgestutzt. Jetzt hat sich mein täglicher Plan auch um diese Therapieeinheit erweitert! „Heimlich" lasse ich mir bald die Füße nicht mehr so straff fixieren und erhalte etwas mehr Beinfreiheit. „Heimlich", weil ich in meinem naiv-kindlichen Denken annehme, dass es die Physiotherapeutin nicht merkt. Natürlich ist dem nicht so, aber sie spielt mit und gewährt mir das bisschen Freiheit. So kann ich in dem 20-minütigen Stand ab und zu mal das eine, mal das andere Bein entlasten. Das lässt mich Schmerzen in den Kniekehlen vermeiden, aber auch das linke Bein allein stehend trainieren. Bald trainiere ich fast die gesamte Stehtischzeit nur das linke Bein, was es kräftigt und ihm gut bekommt. Im Gegensatz zum Aufstehen, bei dem ich mich nur mit der Kraft des rechten Armes am Barrenholm gut aus dem angebremsten Rollstuhl hochziehen kann, bereitet mir das Hinsetzen größere Mühe. Nur mit dem rechten Arm am rechten Holm, schmiere ich oft nach links ab und plumpse im besten Fall ordentlich in den Rollstuhl, so dass alle Nähte krachen, oder im schlechteren auf dessen Armlehne was mir neben einem Rüffel Schmerzen und reichlich blaue Flecken einbringt. In diesen Situationen lerne ich die Überbreite meines Gefährts schätzen. Die Therapeutin achtet sehr darauf, dass nach Möglichkeit auch der linke Arm zum Abstützen oder Festhalten eingesetzt wird, was mir nicht gelingt, da sich meine Hand weigert und einfach loslässt. Dann geht der Versuch schief, ich falle nach links vorn und schlage mit dem linken Oberarmmuskel kräftig gegen das Ende vom Barrenholm, was mich nicht nur sehr heftig schmerzt, sondern mir auch einen tiefdunkelblauen Fleck mit starker Schwellung am Bizeps einträgt. Ich weiß zwar nicht genau, was meinem Muskel passiert ist, aber die Beschwerden am linken Oberarm werden mich länger als ein Jahr beschäftigen und seine Therapie für lange Zeit behindern. Da viele Schlaganfallpatienten während des Heilungsprozesses starke Schmerzen in der gelähmten Schulter bekommen, ist der Befund für die Ärzte klar: Schulter-Arm-Syndrom. Der Arm hängt im Schultergelenk nur an Muskeln und Sehnen, deren Nervenbahnen gleichzeitig die Bewegungsimpulse vom Mobilitätszentrum der rechten Gehirnhälfte an die linke Hand und ihre Finger weiterleiten. Der durch die Lähmung verursachte Bewegungsausfall des Armes lässt die Muskeln schwinden und Bänder erschlaffen. Dadurch kann sich der Oberarmgelenkkopf in der Pfanne des Schultergelenks verlagern und teilweise oder ganz aus ihr herausrutschen, was sehr starke Schmerzen in Arm und Hand nach sich zieht. Meine Schulter ist aber in Ordnung, auch weil ich vor dem Schlaganfall intensiv auf meinem Heimrudergerät trainiert habe. Der Hinweis auf die immer härter werdende Schwellung im Bizeps wird von Ärzten und Therapeuten nicht akzeptiert, sondern als Ausrede abgetan, um den Arm zu schonen und nicht bewegen zu müssen. So bleibt die endgültige Heilung meines linken Oberarms erst über ein Jahr nach diesem Vorfall meiner späteren Heimtherapeutin und ihren unorthodoxen Methoden vorbehalten, die mir, ja an mich glaubte.

Transfers

Manchmal, wenn ich wieder einmal tagträume, höre ich die Stimme der Ballettmeisterin: „Herr Wendel, Sie haben etwas vergessen!" „Ja, ich weiß." Eine meiner Standardausreden. „Na und?", bohrt sie weiter. Keine Ahnung, wovon die Rede ist, aber erst einmal Zeit gewinnen! „Nun machen Sie schon", schiebt die Therapeutin nach. Wenn ich nur wüsste, was sie eigentlich will: „Was?", hake ich nun meinerseits nach. „Ihr Rollstuhl!" Sie ist kurz vorm Explodieren. „Was ist denn mit meinem Rollstuhl?" „Aaanbreemsen!!" „Ach sooo!" Nun habe ich überzogen und sollte einlenken. Ich greife also mit der rechten Hand an die linke Radbremse, um sie festzustellen. „Nein!" „Nein?", frage ich mit dem unschuldigsten Blick, den mir meine bewegten Lebensjahre übrig gelassen haben. „Kommen Sie, Sie wissen schon ganz genau, warum." Also mache ich auf schlau und greife mit der linken Hand an die Bremse. Sie lächelt und ist zufrieden, dass sie es mir wieder einmal gezeigt hat, während ich mich freue, einigermaßen elegant die Kurve bekommen zu haben. Auf diesem Niveau bewegen sich viele unserer Dialoge. Die Therapeutin ist nach mindestens zehnjähriger Berufserfahrung klug genug, solche Dialoge als das zu nehmen, was sie sind: Ein bisschen Frotzelei im grauen Klinikalltag. Um sicher aufstehen zu können, sollte der Rollstuhl fest angebremst sein, was viele schlafmützige und verträumte Schlaganfallpatienten wie ich immer wieder mal vergessen.

Gerade und sicher Stehen sind Voraussetzungen für Gehen und Laufen als Inbegriff der menschlichen Mobilität. Aus dem Rollstuhl ins Bett, auf die Toilette, die Therapeutenliege oder umgekehrt sind Vorgänge, die das medizinische und therapeutische Personal der Rehaklinik als „Transfers" bezeichnet, was so viel wie Überführung oder Übergang von einem Medium in das andere meint. Immer wenn das Wort „Transfer" fällt, das im normalen Leben ja eine andere Bedeutung und etwas mit Valuta oder Reisen zu tun hat, muss ich an den beeindruckenden Roman von John Dos Passos, „Manhattan Transfer", denken, den ich vor vielen Jahren gelesen habe und dessen Vielschichtigkeit mich sehr gefesselt hat. Dort werden auf unterschiedlichste Weise miteinander verknüpfte menschliche Schicksale in New York zwischen den beiden Weltkriegen geschildert. Unsere Rehabilitationsklinik ist gewissermaßen auch ein Transfer von neurologisch Kranken aus der Klinikwelt in den Alltag des „normalen Lebens" zurück. Unter dem Begriff „Toilettentransfer" zum Beispiel wird in der Klinik pompös verquast der Übergang vom Rollstuhlsitz auf die Kloschüssel verstanden. Was für ein starkes Wort für einen schlichten, eher anrüchigen Vorgang!

„Herr Wendel, kommen Sie!", holt mich meine strenge Lehrerin aus der Rollstuhlschlange vor der Physiotherapie heraus. „Fahren Sie bitte an die Liege heran, so dass sie ganz dicht parallel zu ihr stehen. Wir versuchen heute den Transfer auf die Liege." Natürlich wird erst einmal wieder der linke Türpfosten ramponiert, was sie heute mit einem eher mild strafenden Blick quittiert. „Bremsen Sie an, klappen Sie die Fußrasten hoch und drehen Sie diese zur Seite. Rutschen Sie im Rollstuhl nach vorn und stellen Sie die Füße parallel, etwas auseinander, aber so, dass sie unter den Knien bzw. ihre Unterbeine völlig senkrecht stehen. Beugen Sie sich mit dem

Oberkörper so nach vorn, dass ihr Körperschwerpunkt über die Knie kommt. Jetzt stützen Sie sich mit der rechten Hand auf die Armlehne. Heben Sie nun ihren Hintern an, drücken sich aus den Kniekehlen hoch und platzieren ihre vier Buchstaben auf der Liege. Haben Sie keine Angst, ich halte Sie!" Plumps macht es vernehmlich und ich lande wenig elegant und unsanft auf der Liege. Natürlich nicht im Sitz, sondern auf der linken Seite, aber ich konnte nach rund vier Wochen zum ersten Mal selbständig meinen Rollstuhl verlassen! Bald folgt dem Aufstehen eine kurze Standphase, in der sie mich aber noch halten muss, damit ich nicht nach links umkippe. Die Übung ist Voraussetzung für das Zubettgehen beziehungsweise Aufstehen und alle Transfers auf andere Sitzgelegenheiten. Die heutige und die folgenden Therapiestunden werde ich nie vergessen! Die Therapeutin quält mich und lässt mich, so scheint mir, hunderte Male so das Aufstehen aus den verschiedensten Höhen vom Rand der Liege trainieren, dass ich mich bald selbst aus einer Höhe von nur 40 Zentimeter ohne Abstützen, nur mit der Kraft der Oberschenkelmuskulatur in den Stand hochdrücken kann. Sie warnt mich eindringlich: „Herr Wendel, wenn Sie stehen, sollten Sie stets erst ein wenig verweilen und ihre Mitte suchen, ehe Sie loslaufen dürfen. Sie haben das Pusher-Syndrom und schieben ständig nach links. Denken Sie immer erst an ihre tatsächliche Körperlängsachse." „Wo ist denn nun eigentlich meine neue Mitte", beginne ich zu diskutieren. „Da meine linke Seite für mich nicht mehr vorhanden ist, hat sich meine neue Mitte doch in die rechte Körperhälfte verlagert." „Aber Herr Wendel, ich hätte Sie für schlauer gehalten", lächelt sie nun ironisch und ein wenig überlegen. „Ihre linke Körperhälfte sehen Sie doch?" „Ja!" „Dann müssen Sie doch einsehen, dass sich ihre wahre Mitte und damit das Gleichgewicht gar nicht nach rechts verschoben haben kann!" Nach einer kurzen Denkpause beginne ich von Neuem: „Das mag ja alles sein, wenn ich mir dessen bewusst bin, wie eben jetzt, aber sobald ich laufe, muss ich mich doch auf meine Füße konzentrieren, dann kann ich doch nicht nur an meine Mitte denken!" „Sehen Sie, jetzt haben Sie es", lächelt sie zufrieden. „Genau das müssen Sie lernen, sonst werden Sie immer wieder stürzen und das logischerweise nach links!" Das hatte ich ja kapiert, aber: „Das heißt doch, dass ich beim Stehen oder Laufen nichts anderes tun darf, ja nicht einmal denken, um nicht ins Unbewusste und damit aus dem Gleichgewicht zu geraten." Vor dem Ereignis bin ich immer gern und viel gelaufen. An manchen Tagen war ich vier Stunden und länger unterwegs. Dabei kamen mir die besten Ideen und ich habe beim Laufen so manches wissenschaftliche Problem gelöst. Meine Füße hatten stets ihren Weg gefunden. Außerdem, so lange ich mich erinnern kann, habe ich mich nie verlaufen, bin nie gestürzt, selbst auf mir völlig fremdem Terrain nicht. Als Kinder sind wir in zerbombten Hausruinen herumgeturnt, was uns natürlich seitens unserer Eltern streng verboten war. Eine Mutprobe für uns Jungs war, auf den freigebombten Doppel-T-Eisenträgern des ehemals 1. oder 2. Stockwerks eines der Nachbarhäuser, das keine Fußböden bzw. Decken mehr hatte, die gesamte Geschossbreite zu überqueren. Meine Erinnerungen unterbrechend, fährt sie fort: „Die Bestimmung der Körpermitte hat etwas mit dem Raum-Lage-Verständnis zu tun, das Sie ihre körperlichen Grenzen bewusst erkennen lässt und ihre körperliche Position in ihrer Umgebung bestimmt. Der dafür verantwortliche Gehirnabschnitt befindet sich in der rechten Gehirnhälfte und war bei ihnen vorher sicher gut ausgebildet. Jetzt sind Sie sich ihrer Körpergrenze nicht mehr bewusst. Ihre linke Seite ist weggeflossen, wie Sie es sagen. Das zeugt davon, dass Sie ihre körperlichen Ausmaße nicht mehr vollständig definieren können. Deshalb kollidieren Sie auch ständig links und gehen zur Vorsicht immer scharf rechts und halten dort Kontakt zu irgendwelchen festen Punkten oder Gegenständen. Die körperlichen Grenzen ihrer linken Hälfte sind nicht mehr in der rechten Hirnhälfte definiert, der dafür verantwortliche Gehirnabschnitt ist stark gestört, wenn nicht gar durch die schwere Blutung *zerstört*."

Die strenge Ballettmeisterin steht seitlich links hinter mir und hält dadurch unsere körperliche Berührung beim Aufstehen in Grenzen, denn sie weiß: ich bin kein Freund von unnötigem Körperkontakt mit anderen Menschen. Berührt mich jemand ohne Vorwarnung oder greift mir vorausschauend unter die Arme, vielleicht sogar unter den schmerzenden linken, reagiere ich von ungehalten bis verunsichert. Geht jemand hinter mir, erschrecke ich mich, gerate in Panik und habe Angst. Viele Menschen auf beschränktem Raum, wie in Fahrstühlen, öffentlichen Verkehrsmitteln, vollen Warenhäusern oder auf gut besuchten Weihnachtsmärkten mit ihrem Eigengeruch und harten oder weichen Körperteilen, die mich schieben oder sich an mich drängeln, sind mir schon von Kindheit an äußerst unangenehm und ein Gräuel. Hier in der Klinik war ich über den manchmal ungezwungenen, aber nicht immer unbedingt notwendigen, körperbetonten Umgang von Therapeutinnen und Schwestern mit ihren Patienten verwundert. Der Ursprung dieser meiner tiefen Aversion mag, wenn ich richtig nachdenke, in meiner zarten Kindheit an einigen wohlbeleibten älteren Tanten gelegen haben, die meinten, mich an ihre Weichteile drücken und mein „süßes Gesichtchen", wie sie sich auszudrücken pflegten, mit ihren feuchten Küssen benässen zu müssen. Meine Mutter, eine wohltuend proportionierte, schlanke Person, die für mich als kleinen Jungen natürlich die schönste Frau der Welt war, musste mich dann beschützen, soweit ich nicht vorher ausreißen konnte. Ich höre heute noch manchmal das Lachen und Kichern, wenn sich die Damen einen Spaß daraus machten, mich zu fangen. War ihnen das geglückt, spitzten sie ihre rotfeuchten, dicken Lippen, um mich dann umso fester an sich zu drücken und mit der ekligen Küsserei zu beginnen. Darum ist die zurückhaltende Physiotherapeutin seitlich hinter mir ein Geschenk. Sie ist da und gibt mir wohltuende Sicherheit. Anders hingegen manche der Krankenschwestern. Sie stellen sich mit ausgebreiteten Armen möglichst dicht vor mich hin, um mich auffangen zu können, falls ich aus dem Rollstuhl oder von dort, wo ich gerade sitze, nach vorn fallen sollte. Mit dieser Pose habe ich früher meine kleinen Kinder aufgefangen, wenn sie, außer Atem und voll Freude jauchzend, auf mich zuliefen, um von mir hochgehoben und herumgewirbelt zu werden. „Mehr, mehr Vati" und: „Nochmal", höre ich sie noch heute manchmal juchzen.

Frisch durch meine Ballettmeisterin geschult, probiere ich natürlich mein neues Wissen um die Techniken der Transfers im Klinikalltag praktisch aus. Dienst hat heute Schwester Lilo – auch eine aus der Gilde geschulter Sumoringerinnen: kompakt, breit, tief, ein wenig vom Format meiner Tanten. Sie soll mich zum Mittagsschlaf ins Bett bringen. „Also los, nun zeig', wie schön du den Transfer beherrschst!", motiviere ich mich innerlich. Höflich bitte ich sie, ein wenig beiseite zu treten, damit ich meine Vorbereitungen treffen kann. Also: „Bitte Frau Physio, helfen Sie mir, wenn ich etwas vergesse", versuche ich meine Gedanken zu ordnen und mich zu konzentrieren. „Das ist nicht nötig", antwortet ihre Stimme in meinem Kopf, Courage vermittelnd. „Na, dann los!" Mit der linken Breitseite des Rollstuhls fahre ich parallel, dicht an das Bett heran. „Aaanbremsen! Beide Fußrasten nach außen drehen und mit dem

Po nach vorn rutschen." „Halt, halt, Mann, Sie fallen doch raus!", ruft die inzwischen vor mir stehende Schwester hektisch. „Mache ich nicht, das habe ich so gelernt!", antworte ich, schon leicht unwillig. „Wenn Sie mich nicht stören, passiert schon nichts!" Der prall gefüllte hellblaue Kittel in unmittelbarer Nähe vor mir beginnt bereits mich zu ängstigen. Ich schaue schon einmal hoch, um in ihrem Gesicht oberhalb des Kittels nach ihrer Laune zu forschen und erschrecke mich, denn ich sehe über mir kein Gesicht, sondern nur Busen. Das muss meine Perspektive als kleiner Junge vor den dicken Tanten gewesen sein. Die Schwester steht so dicht vor mir, dass meine Nase in ihrem Bauch zu versinken droht. Mir geht aus Angst vor dem Bevorstehenden schon die Luft aus. „Rechts oder links vorbei?", entwickle ich, nun fast wieder kleiner Junge, Fluchtvarianten. „Sch . . . , links vorbei geht nicht, da steht das Bett. Wäre früher eine hervorragende Fluchtmöglichkeit gewesen: Rechts angetäuscht und links übers Bett gesprungen, das dann zwischen uns stehen würde." Sie hätte nicht die Spur einer Chance gehabt, mich zu fangen. Aber heute im Rollstuhl bin ich chancenlos. Bleibt noch rechts, aber da ist kein Platz für den Rollstuhl zwischen dem hellblauen schwitzenden Fleischberg und der Schrankwand. Durch Lilo hindurch geht auch nicht, dazu ist sie zu stabil. Jetzt einen letzten Blick nach oben riskieren: Die Schlachtordnung hat sich nicht verändert. Immer noch der prall gefüllte Kasack. „Mein, Gott, wie soll das hier nur weitergehen. Na erst einmal die ballistische Bahn der Stoßrichtung meines Kopfes berechnen. Wenn ich so aufstehe, wie gelernt, dann stößt mein Kopf wie die Hörner eines Stieres geradeaus nach vorn und zieht anschließend nach oben, wenn ich mit dem Hintern vom Rollstuhlsitz abhebe. Mein Gott, wo bleibt der Kopf dann stecken? Ich muss mich vergewissern und riskiere nochmals einen Blick nach oben. Ich habe es doch geahnt. Trotz meines diagnostizierten Raum-Lage-Defizits kann ich die finale Lage meines Kopfes gut und deutlich schätzen: ± 10 Zentimeter in der Mitte ihres prächtigen Oberkörpers. Also verhandeln! „Schwester Lilo, würden Sie bitte einen Schritt zur Seite treten, damit ich aus dem Rollstuhl heraus kann?" „Stehen Sie ruhig auf, ich halte Sie schon." „Aber ich stoße Sie bestimmt mit meinem Kopf." „Ach, das macht doch nichts, Herr Wendel." Ich versuche schon mal den Hintern anzulüften, um dem Resultat meiner ballistischen „Berechnung" durch das kleine praktische Experiment eine höhere Wahrscheinlichkeit zu geben. Das Ergebnis stimmt. Also weiter verhandeln. Ich versuche, eine dritte Macht in die Verhandlungen einzubringen. Vielleicht hilft es. „Aber die Physiotherapeutin hat mich das so gelehrt. Sie müssen mir vorn bitte mehr Platz lassen, damit ich mich mit den Beinen hochstemmen kann!" Das mit der dritten Macht war wohl keine gute Idee, aber ich war ja in der Klinik noch relativ neu und kannte noch nicht die vergiftete Atmosphäre zwischen medizinischem und therapeutischem Personal, die vor allem die Patienten zu spüren bekommen. Mein Gott, was hatte ich da bloß gesagt? „Herr Doktor Wendel!!!" Auweia, jetzt folgt der offizielle Teil des Protokolls! „Sie sind bestimmt nicht der erste, der in meiner langen Praxis unfallfrei aufsteht. Wenn ihre Physiotherapeutin, diese Frau Doktor Allwissend, das so sagt, soll sie gefälligst hierher kommen und Sie ins Bett bringen oder höchstpersönlich aufs Klo setzen. Ich habe anderes zu tun, als mich mit ihnen hier wegen ihrer therapeutischen Ergüsse zu streiten. Wenn Sie jetzt nicht gleich aufstehen, lasse ich Sie hier sitzen, bis Sie schwarz werden!" Es sind ja eigentlich meine Allüren, aber das muss ich der Tante ja nicht auf die Nase binden. Aus ihr bricht die ganze Schwere dieses schwelenden Konfliktes mit den Therapeutinnen auf dieser Station heraus, den ich noch öfter zu spüren bekommen werde. „Sei ein Mann und handle wie ein Mann. Aus Unwissenheit einen Fehler zu machen, daraus kannst du nur lernen. Bockig zu sein macht keinen Sinn, du wirst verlieren!" ruft es in mir. Ich füge mich und stoße mit dem Kopf nach vorn ... ins Leere! Der Bauch ist weg. Lilo muss Ähnliches gedacht haben, denn sie hat zurückgezogen. „Also hoch jetzt, nutze den günstigen Moment! Napoleon war auch deshalb ein so guter Feldherr, weil er seine Chancen während der Schlachten blitzschnell erkennen und gnadenlos für sich ausnutzen konnte.", hämmert die Stimme weiter auf mich ein. Ich stemme also meinen Körper hoch, schramme mit Kopf und Brust an ihrem Balkon entlang und erschrecke gehörig, weil ich sie nicht mehr erwartet hatte, verliere natürlich das Gleichgewicht und falle nach links. Sie fängt mich auf und drückt mich an sich. Ergeben warte ich auf feuchte Küsse, die aber Gott sei Dank ausbleiben. Dafür entlässt sie mich aufs Bett. Da sitze ich nun in meinem ganzen Elend: „Ich kann den Transfer ganz sicher, brauche nur mehr Abstand!", kommt es bockig aus mir heraus. Sie aber triumphiert. „Hätte ich Sie nicht gehalten, wären Sie schön hingefallen und hätten sich verletzt. Legen Sie sich endlich hin und halten Sie mich nicht mit ihren Ausreden auf!" Noch eine schnippische Bemerkung an die Adresse der armen unschuldigen Therapeutin und sie verlässt tief getroffen und beleidigt, ob der Zweifel an ihren fachlichen Fähigkeiten wort- und grußlos den Raum. Wie ein Tor liege ich nun da und fühle mich wie ein Klassenkampfopfer zwischen den „Hellblauen oben" und den „Hellblauen unten". Besonders die Physiotherapeutinnen (hellblaue Hosen, weißes T-Shirt) befinden sich im Dauerkonflikt mit dem pflegerischen Personal (hellblauer Kasack, weiße Hosen). Alles, was die Therapeutinnen anordnen, müssen die Krankenschwestern, Pflegerinnen, Pfleger, manchmal mehr oder weniger ausbaden.

Im Bett liegend, fühle ich mich wieder einmal unglücklich und missverstanden, ja fast ein wenig beleidigt, wie Napoleon nach der Schlacht um Moskau, die keine war. Schon fast im Schlaf, hadere ich weiter: „Haben Sie DAS gesehen", brabble ich kleinlaut in Gedanken an die Adresse meiner Ballettmeisterein. „Die muss irgendeine Asymmetrie im Oberkörper haben und außerdem wollte ich mich rechts an ihr vorbei mogeln." „Ach, Sie, Herr Wendel, Sie haben doch immer nur Ausreden, dümmer geht es fast nicht. Zugegeben, manchmal können Sie schon erfinderisch sein, aber heute? Es nützt nichts, Sie haben es verbockt. Asymmetrie am Oberkörper!" schüttelt sie in meiner Phantasie ihren Ballettmeisterinnenkopf und lächelt ihr geheimnisvolles Lächeln, von dem man nie weiß, ist es nun milde freundlich oder ironisch überlegen. „Michael, du weißt doch, was mit der Großmutter vom Teufel passiert ist?", mischt sich nun auch noch die um keinen coolen Spruch verlegene Lisa ein. „Ich? Welche Großmutter? Teufel? Was ist da passiert?" Ich kann mich nicht erinnern. „Wie kommst du überhaupt in meinen Kopf?" Obwohl im selben Stadtteil wie Lisa aufgewachsen, hat sie Sprüche drauf, die ich noch nie gehört habe. „Ich war ja fast dreißig Jahre im Ausland", versuche ich meine Unwissenheit in Sachen „Volkes Stimme und Witz" zu rechtfertigen. „Siehst du, schon wieder eine Ausrede. Der Spruch stammt noch aus meiner Kindheit und den müsstest du kennen. So vornehm war deine Straße nun auch wieder nicht!" „Meine Straße vielleicht nicht, aber dafür meine Familie, insbesondere meine Mutter, wie du wohl weißt!" „Herr Wendel, hören Sie bitte auf mit ihrer Frau zu streiten", mischt sich die Therapeutin vermittelnd ein. „Das geht Sie einen feuchten Kehricht an", denke ich wenig fein und antworte: „Meine Güte, ich streite doch gar nicht, außerdem hat SIE mit ihrer Großmutter und dem Teufel angefangen!" „*Meine* Großmutter? Lass meine Großmutter aus dem Spiel, du kannst sie ja gar nicht kennen, so lange, wie die Arme nun schon tot ist. Außerdem hat sie dir gar nichts getan und mit dem Teufel hatte sie auch nichts am Hut. So!", klingt Lisa, schon leicht hysterisch und reichlich vergnatzt. „Lisa, ich kenne das auch nicht, obwohl ich aus der gleichen Ecke komme wie Sie", lässt sich die Therapeutin wieder vernehmen. „Ha! Sie ist auf meiner Seite", jubelt es in mir. Aber die mittlerweile friedliche Lisa fragt an mich gewandt: „Weißt du eigentlich, warum der Teufel seine Großmutter erschlagen hat?" „Deine?", versuche ich noch einen kleinen Scherz. „Seine! Dem Teufel *seine*. Es geht hier nur um des Teufels Großmutter!" Lisa wird unruhig und die Ballettmeisterin feixt. „Ach soooo! Jetzt habe ich das verstanden. Warum?", frage ich mit unschuldig treuem Augenaufschlag, mit dem ich früher immer meine Mutter und später so manches Mädchen rumgekriegt habe. „Weil sie keine Ausrede mehr wusste!" „Wer? Deine Großmutter?", versuche ich sie zu reizen. „Ach, du kannst mich mal!", wird Lisa der Diskussion überdrüssig und verschwindet. Auch die Frau Ballettmeisterin verdreht die Augen. Ich wende mich zum Fenster und schaue lieber auf meine Schweiz, anstatt mich hier mit zwei abwesenden Frauen herumzustreiten. Da kann ich ohnehin nicht gewinnen! Schon im Halbschlaf winkt mir ein Rollstuhlfahrer zu. Er fährt rückwärts auf die ins riesenhaft gewachsene, hellblaue Lilo zu, die ihn mit ausgebreiteten Armen auffängt, ihn samt Rollstuhl an ihren Busen presst und anschließend herumwirbelt, schnell und schneller, immer herum, wie in dem Kettenkarussell, auf das ich mich nie gewagt habe. „Nochmal! Mehr, mehr", jubelt der Rückwärtsfahrer.

„Na, wieder mal geschafft! Jetzt hast du sowohl die Schwester, deine Lieblingstherapeutin und auch noch Lisa verärgert", ist das Letzte, was ich noch vor dem Einschlafen denken kann.

Welch eine Überraschung: Die Physiotherapeutin steht an meinem Bett und weckt mich aus dem Schlaf. Ich wage meinen Augen kaum zu trauen, denn das ist sonst immer Aufgabe der Schwestern. Schwester Lilo muss wohl mit ihr geredet haben. Obwohl noch schlaftrunken, muss ich das Aufstehen und Zubettgehen üben. Die Therapeutin zeigt und erklärt mir jede einzelne Bewegung, jeden Griff. Beim Stehen muss sie mich zwar immer noch halten, aber es geht von Mal zu Mal besser und sicherer, so dass ich es von nun an frühmorgens selbständig aus dem und abends ins Bett schaffe. Darauf bin ich sehr stolz und demonstriere das am Abend sofort meiner Lisa. Während ich an das Bett heranfahre, bitte ich sie um Hilfestellung. Als ich mich aus dem Rollstuhl erhebe und zum ersten Mal seit zwei Monaten in voller Lebensgröße vor ihr stehe, ist sie so begeistert, dass sie mich unbedingt in die Arme nehmen und küssen muss. Natürlich werde ich von ihren kussbereiten Lippen abgelenkt und vergesse meine an sich schon instabile Stellung. So kommt es, wie es kommen muss: Mein Restkörper kippt nach vorn links, reißt Lisa mit und wir beide wären um ein Haar auf den Nachtschrank gefallen. Im letzten Moment kann ich uns gerade noch nach links herumreißen und wir landen quer auf dem Bett, wo wir nebeneinander zum Liegen kommen. Huh!, noch einmal gut gegangen. Das war ein ernster Warnschuss, der mir schockierend zeigte, wie instabil mein Gleichgewicht doch noch ist und wie einfach ich abzulenken bin.

Obwohl Wochentag, hat Sergej heute seine Familie zu Gast. Mutter und Tochter sind bei der Ärztin, Sergej und seine Miniaturausgabe nicht zu sehen. Das kann ich alles beobachten, wenn ich mich wieder einmal in der Warteschleife zur Ergotherapie auf dem Korridor, dem Zimmer der Stationsärztin gegenüber, befinde. Erst viel später auf dem Rondell, nach meiner Übung am PC im Zimmer von Frau Obst, sehe ich die Familie in der Nische sitzen. Sergej hat seinen Sohn eng umschlungen. Der kleine Sergej weint und schluchzt herzzerreißend. Mit tränenden Augen redet der Große leise auf seinen Jungen ein. Mutter und Tochter stehen, gleichfalls mit Tränen in den Augen und wie zu Salzsäulen erstarrt, vor den beiden. Es ist erschütternd, diese trauernde, wie aus einer griechischen Tragödie in die heutige Zeit versetzte Figurengruppe anzusehen. Ich könnte gleich mitweinen, obwohl ich die Gründe für die Trauer nicht kenne und auch niemals den Grund dafür erfahren soll. Am nächsten Tag ist Sergej verschwunden und keiner von uns allen, die sein „spasiba" und das „Danke, danke, bitte" am Esstisch vermissen, können sich einen Reim auf diesen plötzlichen Abgang machen. Die nach seinem Schicksal befragten Schwestern zucken nur die Schultern und antworten lapidar, dass er von seiner Familie nach Hause geholt worden sei. Aber warum dann das große Leid und die vielen herzzerreißenden Tränen? Allen möglichen Spekulationen und Gerüchten sind Tür und Tor geöffnet.

Welch ein Schock! Meine Ballettmeisterin eröffnet mir heute, dass sie die nächsten drei Wochen im Urlaub sein wird und ich mit ihrer jungen, frechen Vertretung vorlieb nehmen müsse. Neue Kommandos, andere Reaktionen auf meine Ausreden. Furchtbar! Ausgerechnet diese kesse, selbstbewusste Vertreterin, die blühende und lachende Jugend selbst. Na, das kann ja heiter werden! Es kommt aber ganz anders, denn wir verstehen uns wider Erwarten sehr gut. Sie ist ehrgeizig, spornt mich an und will ihrer Mentorin nach der Rückkehr neue Fortschritte präsentieren. Also strenge auch ich mich an. Dafür werde ich entschädigt, denn wir albern und lachen viel miteinander. Sie kommandiert gern, ist zupackend, direkt und lässt nur ungern Widerspruch gelten, weshalb ich sie bald zur Generalin ernenne. Welche Überraschung, ich habe damit ins Schwarze getroffen, denn „General" wird sie auch zu Hause genannt und hat dort, wie sie mir erzählt, ein eigenes Reitpferd. Jedenfalls entdeckt sie gleich am ersten Tag meine kleine Schummelei am Stehtisch, lässt mich sofort im rechten Winkel an den Handlauf im Korridor heranfahren, lacht mich schelmisch an und kommandiert: „Beide Hände an die Stange und hoch!" Noch ehe ich verwundert Protest einlegen kann, stehe ich aufrecht. Die Finger meiner rechten Hand verkrampfen sich vom Halten und ihre Knöchel werden schon vor Anstrengung weiß, als ein neues Kommando kommt: „Rechts herum! Die Fußspitzen stehen parallel zur Stange!" Als ich nach vorn links ins Schleudern komme und zu fallen drohe: „Bleiben Sie bloß stehen, oder wollen Sie mich blamieren?" Will ich natürlich nicht! Jetzt greift sie mich fest unter den linken Arm: „Los geht's!" Sie läuft tatsächlich mit mir die ersten zaghaften und wackeligen Schritte nach drei Monaten Bett und Rollstuhl. Ich bin glücklich, denn von meiner normalen Lebenshöhe sieht die Welt doch ganz anders aus als aus der verfluchten Rollstuhlperspektive, aus der ich trotz meiner 1,82 m ständig nach oben schauen muss und in der Cafeteria nicht einmal über den Tresen gucken kann. So sieht also der Anfang meines Traumes aus, die Klinik auf eigenen Beinen verlassen zu können. Ein „kleines" Problem bleibt mir trotzdem noch: Das linke Bein will nicht mitlaufen. Der Fuß haftet am Boden, als sei er mit Alleskleber auf dem Linoleum festgeklebt. Noch begreife ich in meiner Euphorie über die wieder gewonnene Blickhöhe diesen kleinen Umstand nicht als das entscheidende Dilemma, zu dem es sich auswachsen soll. Im

Schlaf sehe ich mich niemals im Rollstuhl, sondern immer nur gesund und munter auf beiden Beinen durch die Traumwelt spazieren. Daher ist es für mich nicht einsehbar, nicht mehr laufen zu können. Es darf doch nicht sein, dass diese im zarten Kindesalter mit so vielen Stürzen hart erworbene menschliche Grundbewegung einfach aus dem Gehirn gelöscht worden ist. Wenn ich mich im Traum normal aufrechtgehend fortbewege, muss das doch auch im wachen Zustand möglich sein. Dass diese pseudoneurologische Milchmädchenrechnung so nicht aufgeht, wird mir eines Tages schmerzhaft bewusst. Die intensivsten Lauf- beziehungsweise Gehträume habe ich, wahrscheinlich durch die Therapien gesteuert, vor allem in den kurzen mittäglichen Schlafpausen. Die Versuchung, es einfach – nur mal eben so – nach dem Mittagsschlaf auszuprobieren, wird von Tag zu Tag stärker. Jeden Nachmittag sitze ich einen Moment länger halbschlafend auf meiner Bettkante, träume in mich hinein und überlege, ob ich es wagen soll. Lotto spielen ist nicht anders: Obwohl ich genau weiß, dass es nicht funktionieren kann, glaube ich an das Wunder und nehme das Risiko hinzufallen und enttäuscht zu werden auf mich. Die Chance, normal loslaufen zu können, ist gleich Null. Trotzdem wird der Druck, es zu wagen, übergroß. In diesen Tagen habe ich, der ich nie gespielt habe, etwas von einem Zocker an mir. Verschlimmert wird die Situation durch die sich stetig steigernde Intensität der mittäglichen Träume. Die Verführung wird immer stärker und die Versuchung zu einer Art Zwangsneurose: Ich muss es wagen!

Heute ist ein schlechter Tag. In der Physio läuft wieder einmal nichts so, wie es laufen sollte oder könnte. Die Generalin straft mich durch den Entzug ihres Lachens, was meine Sehnsucht nach der niemals launischen Ballettmeisterin ins Unermessliche steigert. Momentan gibt es keine neuen Fortschritte, die mich aufbauen könnten. Kurzum, ich bin deprimiert und enttäuscht. Nach dem Mittagessen lasse ich mich ins Bett bringen, schlafe vor Erschöpfung wie immer gleich ein und träume von einer wunderschönen morgendlichen Wanderung entlang eines Baches durch tiefen dunklen Mischwald. Mir ist leicht, ich bin froh und glücklich! Den sommerlichen Duft des Waldes noch in der Nase, wache ich freudig beseelt wie lange nicht mehr auf und denke nur eines: Ich möchte weiterlaufen, um dieses Glück zu verlängern, es noch eine Weile genießen zu dürfen. Wie ferngesteuert lasse ich mein Bettgitter herunter, setze mich auf die Bettkante, stehe auf, stehe gerade und laufe los: links, rechts, links. Der linke Fuß will nicht nach vorn, er bleibt hinten hängen, während der Oberkörper schon weiter ist ... Ich falle nach vorn links krachend auf den Fußboden. Ein Glück nur, dass nichts im Wege steht und auch mein gelähmter Arm keine Abwehrbewegung machen kann. Er schmerzt höllisch.

„Herr Dr. Wendel!", Schwester Maria rüttelt mich an der Schulter: „Was haben Sie denn gemacht?" Sie findet mich schlafend, halb sitzend, halb liegend, nach links aufs Bett geneigt, wo ich umgefallen und eingeschlafen sein muss. Also nur ein Traum! Irgendein guter Nerv in meinem Kopf hat mich vor einer grenzenlosen Torheit und einem möglicherweise schlimmen Unfall bewahrt. Mein Verlangen, einfach mal so loszulaufen, ist gestillt und ich habe es nicht wieder verspürt.

Die Generalin „läuft" jetzt jeden Tag mit mir. Wegen des Pushersyndroms und des Neglects muss sie mich von links führen, wie überhaupt alle Personen mich von links ansprechen sollen. Auch Lisa hat Anweisung, nur links von mir zu gehen und zu sitzen, weil ich dieser Seite mehr Aufmerksamkeit widmen muss. Den Kopf in diese Richtung zu drehen, strengt mich an und immer noch lasse ich keinen linken

Türpfosten aus. Fahre ich an den Mittagstisch heran, freue ich mich schon auf das Näpfchen mit Kompott, das Beste am Mittagessen, das ich links meines Tellers entdecke. Während der Mahlzeit, verschwindet das Kompott aus meinen Augen, meinem Kopf und meinen Gedanken. Deshalb ruft mir, wenn ich nach dem Essen abdrehe, die diensthabende Schwester hinterher: „Herr Wendel, wollen Sie denn ihr schönes Kompott gar nicht?" Ich schaue mich um und sehe zu meiner großen Überraschung das einsame Kompottnäpfchen an meinem Platz stehen und mich verschämt anlächeln. Das ist Neglect! Und wenn gerade keine Schwester da ist, bleibt mein Kompott glatt stehen, die Nachbarin schnappt es sich und vertilgt es innerhalb von Sekunden. Wahrscheinlich hat sie Angst, dass ich mich daran erinnern und zurückkommen könnte, um es einzufordern! Aber das passiert wegen des Neglects leider nie! „Aus den Augen, aus dem Sinn", vermerkt der Volksmund dazu. Aber alles mit „Neglect" entschuldigen zu wollen, geht dann wohl doch zu weit! Es ist eher meine eigene Dämlichkeit, die mich um meine Kompottbirnen oder -äpfel bringt!

Die Physiotherapeutinnen bekommen mein Pushersyndrom oftmals schmerzhaft zu spüren, wenn sie mich links führen und ich ständig unbewusst dagegen drücke. Gegen den starken Druck müssen die armen Frauen regelrecht ankämpfen und den Druck beim Laufen ausgleichen, damit ich einigermaßen senkrecht bleibe. Beim Durch„schreiten" von Türen streife ich die „Führungsdame" unbewusst ab, weil ich mit meiner linken Körperhälfte ebenso am Türrahmen entlang schramme wie mit dem Rollstuhl. Den Therapeutinnen erschwert das natürlich ihr Bestreben, mich vor dem Fallen zu bewahren. Sie „schimpfen" über meine Unhöflichkeit, aber ich kann ja nichts dafür und fühle mich ungerecht behandelt.

Erst später erfahre ich: Neglectpatienten haben kein Krankheitsbewusstsein. Ich weiß zwar, dass ich einen Restneglect habe, kann aber noch nicht so richtig verstehen, was er bedeutet und merke nur seine Wirkung, wenn er wieder einmal zugeschlagen hat. „Neglect" als Krankheit, besser als Behinderung kennt außer dem Fachmediziner kaum jemand. Also muss ich bei meinen Besuchern jedes Mal nach dem Gebrauch dieses Wortes einen „fachneurologischen" Kommentar hinterher schicken. Das ist anstrengend und die meisten neurologisch nicht Vorgebildeten können das, wie alles Unbewusste, was sich in meinem Hirn abspielt, auch nicht verstehen. Oftmals verstehe ich das nicht einmal: Das Pushersyndrom ist eine Begleiterscheinung des Neglects, weil ich ständig unbewusst versuche, meinen scheinbar nach rechts verschobenen Körperschwerpunkt auszugleichen! Das dürfte auch der Grund für meine ausgeprägte Fallneigung nach links sein.

Die Generalin scheint es satt zu haben, mich ständig nach rechts drücken zu müssen, sie lässt mich an der Sprossenwand im Stand Fußübungen machen. Immer und immer wieder: Linker Fuß auf die erste, dann die zweite und dritte Sprosse. Zum Selbstüben: Alles 50-mal. Aus dem Rollstuhl: Linke Fußspitze nach oben ziehen. Doppelte Anzahl. Der Mensch zieht vor jedem Schritt die Spitze des raumgewinnenden Fußes nach oben. Dadurch hebt er besser ab. Hatte ich glatt vergessen, um ehrlich zu bleiben, ich wusste das selbst nicht.

Da ich wegen Neglect und Pushersyndrom etwas ungelehrig bin, verdonnert mich Frau Generalin zur Fußgruppe. Dort sitzen zehn bis zwölf Patienten im Kreis und machen nichts anderes, als auf Kommando die Fußspitzen ihrer gelähmten Beine in 8-Minuten-Intervallen zu heben, was sehr anstrengend ist, natürlich nur, wenn man es richtig macht. Einige ältere Damen schaffen das aber so spielend, dass ich neidisch werde. Die älteren Herren schlafen und dösen vor sich hin und nur einige wache, zumeist jüngere Männer versuchen mit der Therapeutin zu flirten und ihre Aufmerksamkeit zu erhaschen, indem sie die Spitzen ihrer gesunden Füße heben. Bei so vielen Patienten verliert die Anleitende im Kreis manchmal den Überblick über gelähmte und gesunde Gliedmaßen – hoffen die jungen Männer. Zur Ehrenrettung der Therapeutinnen sei wahrheitsgemäß berichtet, dass sich manche Patienten tatsächlich viel Mühe geben, sie zu täuschen. Jedoch sind sie von Berufs wegen gerissen und misstrauisch. Es ist mir nie wirklich gelungen, ihnen etwas vorzumachen. Da hilft auch kein Neglect weiter. Allerdings habe ich nach dieser Einsicht eine andere Strategie ersonnen: Ich täusche den Schwindel nur vor, um mich erwischen zu lassen. Das schult die Aufmerksamkeit. Nett schummeln und nicht erwischt zu werden, ist nur halb so schön, verlorene Mühe und das ganze Theater nicht wert. Werde ich erwischt, umso besser! Bemerkt es die Therapeutin, kann ich eine Weile trefflich und mit allerlei rhetorischen Tricks diskutieren und mir, beziehungsweise uns allen, eine Kunstpause verschaffen. Das klappt fast immer – gerade in den Gruppentherapien. Zu Lachen gibt es ohnehin immer etwas.

Die Ballettmeisterin, deren feierliche Strenge mir sehr gefehlt hat und deren Rückkehr ich ersehnt habe, ist aus dem Urlaub zurück! Es ist Anfang September und ich gehe zum ersten Mal selbständig mit dem nicht sehr eleganten Vierpunktstock. Kein Lob, nicht die Spur von freudigem Erstaunen bei der sonnengebräunten Rückkehrerin. Nichts! Statt dessen übt sie mit mir so, als sei sie nie fort gewesen, erst einmal alle Transfers: Vom Rollstuhl aufs Bett, auf die Toilette, zum Waschbecken, ins Auto und selbst das Abwischen des Hinterns muss, natürlich mit Hose, auf dem Toilettenbecken trainiert werden. Dann steige ich zum ersten Mal Treppen. Zu Hause erwarten mich 45 Stufen und kein Fahrstuhl weit und breit. Das Treppensteigen bereitet mir zum Glück keine größeren Probleme, da ich über eine kräftige Oberschenkelmuskulatur verfüge. Wenn nur das Laufen auch so gut ginge! Der Vierpunktstock ist vom Design her ein Monstrum, aber er hilft! Versuche mit einem Rolator zu gehen, schlagen schmerzhaft fehl. Da mein Körper nach links drückt, kann mich nur die linke Hand stützen. Werde ich abgelenkt, lässt diese, veranwortungslos, wie sie nun mal ist, natürlich los und ich stürze gefährlich nach links vorn auf das Gefährt, das mit mir gemeinsam umzukippen droht! Meine Ballettmeisterin ist aber dabei und hält mich – die Gute! Zu danken habe ich ihr heute noch, dass sie die Übung nicht wiederholt.

Mehr schlecht als recht gehe ich mit winzigen Schritten an den Vierpunktstock geklammert und muss den linken Fuß ständig mit den Augen kontrollieren, damit er auch ja nicht zurückbleibt oder dem anderen in die Quere kommt und mich stürzen lässt. Nach zwei, drei Schritten muss ich vor Erschöpfung pausieren. Meine Muskeln sind zum Zerreißen gespannt. Das linke Bein zittert vor Anstrengung. Die Therapeutin rettet mich mehr als nur einmal vor dem Fallen. Sie führt mich nunmehr von links hinten am Bund meiner Discounthose. Wegen meines eintönigen Sturzmusters nach vorn links bin ich gut auszurechnen. Jeder normale Mensch könnte sich in einer solchen Situation ohne Schwierigkeiten durch einen kleinen Ausfallschritt mit dem linken Bein abfangen, das bei mir aber leider nicht reagiert. Bei meiner Ballettmeisterin fühle ich mich sicher, sie hat mich nie fallen lassen!

Heute Nachmittag fragt sie mich, ob ich mit ihr spazieren gehen möchte. Natürlich möchte ich! Aber hat sie Hintergedanken? Wie soll ich denn spazieren gehen? Wenn ich aus meinem Zimmer auf die Alm schaue, sehe ich Tag für Tag Physiotherapeutinnen mit ihren Klienten darüberlaufen. Ach, wie ich diese Patienten beneide! Ich bin leider noch lange nicht so weit. Werde ich das überhaupt einmal schaffen können? Meine Therapeutin hat keine Hintergedanken. Nein, sie ist sehr ehrlich: Sie schiebt mich im Rollstuhl auf den von prächtigen Rosen gesäumten Wegen, über die sonst Lisa mit mir flaniert. Ganz stolz bin ich vor Glück, ausgerechnet von der gestrengen Frau über eine Stunde lang auf diese Weise ausgezeichnet zu werden. Wahrscheinlich hat sie in letzter Zeit bei mir eine gewisse Desillusionierung wegen der ausbleibenden Therapiefortschritte bemerkt und will mich aufmuntern, was ihr glänzend gelingt. Ich beginne, sie zu verehren, umso mehr als sie jetzt jeden Tag mit mir und meinem Vierpunktmonstrum läuft, um mir die Angst vorm Stürzen zu nehmen. Auf diese Weise lerne ich die Klinik kennen. Ich muss unter ihrem strengen Blick lernen, den Fahrstuhl zu benutzen, inspiziere das schöne Schwimmbad im Keller und besuche den Speisesaal, wo sie mit mir zu Mittag isst und nebenbei auf meine Tischsitten achtet. Ihre „Aufmerksamkeit" schmeichelt mir derart, dass es mir überhaupt nicht in den Sinn kommt, alles könne nur professionell und ganz profan Teil ihrer Therapie sein.

Mit sieben Jahren habe ich Schwimmen gelernt und es in den jährlichen Sommerferien fast täglich fleißig vervollkommnet. Das Freibad war ja in der Nähe. Mit 14 beherrschte ich alle vier Sportschwimmarten und tummelte mich wie ein Fisch im Wasser. Mein Wunsch an die Therapeutin, nur einmal das Schwimmbad nutzen zu dürfen, ist dementsprechend groß. Natürlich geht das aus hygienischen Gründen erst dann, wenn ich den lästigen Urinbeutel los bin. Die Ballettmeisterin verspricht, dass sie, sobald ich keinen Katheter mehr benötige, mit mir schwimmen gehen wird. Da erst in der letzten Rehaphase, die ich noch lange nicht erreicht habe, auch Wassertherapien angeboten werden, wäre das eine große Ausnahme.

Und dann kommt dieser Tag – ich darf ins Wasser! Die Therapeutin hat Lisa gebeten, zur Hilfestellung mit ins Schwimmbad zu kommen. Bis zum Nachmittag muss ich mich noch gedulden und meine Freude etwas dämpfen.

Wir drei haben die Halle und das Becken ganz allein für uns. Meine Freude und die Hoffnung, mich wenigstens im Wasser noch so bewegen zu können wie früher, sind schier übermächtig. Trotzdem beschleicht mich, während Lisa und ich schon in Badebekleidung auf einer Bank sitzen und auf die glatte türkisfarbene Wasseroberfläche starren, eine gewisse Ängstlichkeit. Lisa stößt mich an und reißt mich aus meinen Gedanken. Erst nach einem längeren Moment begreife ich, was sie will: Sie macht mich auf die Ballettmeisterin aufmerksam, die im eng anliegenden schwarzen Sportbadeanzug aus der Dusche kommt. Ich bin baff! Ausgerechnet sie, die ich nur in weiten blauen Krankenhaushosen und einem übergroßen weißen T-Shirt kenne, zeigt eine nahezu perfekte Figur wie Aphrodite, die Schaumgeborene. Sie ist so tadellos gewachsen und wohl proportioniert, dass sie damit selbst Lisa beeindruckt. Mich sowieso. Jeder Bildhauer hätte seine Freude an ihr. Kaum dass ich meinen Blick von ihr wenden kann! Man muss sie einfach anschauen. Sie ist eine ästhetische Freude, kein überbusiges Pinup-Girl oder ausgezehrtes Model, sondern eine wirklich schöne Frau! Vielleicht hat sie meine bewundernden Blicke bemerkt, vielleicht auch nicht, sie winkt nur kurz mit dem Kopf, wie sie es immer macht, wenn sie mich auffordert, in den Therapieraum zu kommen, und schon ist sie wieder die professionelle Therapeutin. Ganz weit weg!

Der Transfer vom Rollstuhl ins Becken gestaltet sich schon wegen der Rutschgefahr schwierig, aber beide Frauen stützen und halten mich. Im Wasser angekommen und losgelassen, haut es mir erst mal die Beine weg und auch meine Schwimmversuche führen zu nichts. Ich tauche unter und panisch wieder auf. Das Gefühl von Angst im Wasser kenne ich überhaupt nicht! Die Frauen bemerken die Panik und ziehen mich hoch. Wieder versuche ich, im Wasser zu stehen – das kann doch so schwer nicht sein! Im flachen Becken, das Wasser reicht mir gerade bis zur Brust, muss es eine starke Unterströmung geben, die mir die Beine wegzieht. Immer diese Ausreden! Etwas Besseres fällt mir nicht ein: Unterströmung! Versuche, Brust zu schwimmen schlagen kläglich fehl, ich tauche immer wieder nach links ab, so als zöge mich dort jemand nach unten. Selbst hier im Wasser wirkt das Pushersyndrom. Es ist wohl doch nicht so leicht, halbseitig gelähmt schwimmen zu wollen. „Legen Sie sich auf den Rücken und machen Sie den toten Mann", fordert mich meine Aphrodite auf. Kann ich doch, haben wir schon als Kinder gemacht. Tatsächlich, das funktioniert! Sobald ich aber mit der rechten Hand nicht gegen den Drall nach links arbeite, drehe ich mich um die eigene Längsachse wie eine Robbe. „Schwimmen Sie rückwärts", fordert sie mich aufs Neue auf und siehe da: auch das geht. Also schwimme ich rückwärts, wie das Omas so gern tun, über die wir uns früher als Kinder im Schwimmbad amüsiert haben. Nach der Schwimmstunde, die leider die Einzige bleiben wird, falle ich erschöpft ins Bett und schlafe tief, aber glücklich, das alles mit einigermaßen Haltung überstanden zu haben. Die Enttäuschung darüber, wie dumm ich mich angestellt habe, kommt erst später und sitzt tief. Es ist sehr deprimierend, was mit meinem Körper geschehen ist! Von wegen Unterströmung!

Jeder Versuch, allein mit dem Vierpunktstock zu laufen, scheitert kläglich. Aus diesem Grunde bleibt es mir auch verboten, selbständig zu laufen oder allein auf die Toilette zu gehen. Auch beim Zubettgehen oder Aufstehen muss immer eine Schwester oder ein Pfleger zur Hilfe dabei sein.

Lisa hat sich von meiner Ballettmeisterin zeigen lassen, wie sie mich bei den Transfers und beim Laufen so unterstützen kann, dass ich nicht stürze. Sie macht das sehr konzentriert und zur Belohnung werde ich gestreichelt. Abends hilft sie mir beim Waschen und bringt mich ins Bett, was ich sehr genieße. Meine Mutter hat das auch nicht besser gekonnt, als ich noch klein war. Manchmal ertappe ich mich dabei, wie ich die „Zubettgehzeremonie", so als wäre ich ein kleiner, verwöhnter Junge, über Gebühr hinauszuzögern versuche. Die arme Lisa kommt wegen mir so manches Mal erst spät nach Hause, während ich schon längst selig und natürlich völlig unschuldig schlafe.

Krimskrams

Ergotherapie meint ganz allgemein Beschäftigungs- und Arbeitstherapie. Sie soll helfen, für das tägliche Leben wieder fit zu werden. Vordergründig sollen die gelähmten oberen Gliedmaßen, also Arme, Hände und Finger, aber auch Wahrnehmungs- und Denkprozesse sowie das Gedächtnis so trainiert werden, dass die Patienten im Stande sind, wieder ein möglichst selbstbestimmtes Leben führen zu können. Fast alle halbseitig gelähmten Schlaganfallpatienten müssen das Essen mit Messer und Gabel sowie das Trinken aus Gefäßen neu erlernen beziehungsweise üben. Da ich links gelähmt, aber Rechtshänder bin, fiel mir dieser Lernprozess wesentlich leichter als anderen Rechtshändern, deren rechte Seite gelähmt ist. Von den Patienten und Patientinnen, die mit Löffel, Gabel, Messer oder Tasse nichts mehr anfangen können, weil sie deren Funktion nicht einmal mehr kennen, möchte ich schweigen, da sie wie Kleinstkinder mit Brei gefüttert werden und völlig neu essen lernen müssen. Bei den täglichen Morgen- und Abendtoiletten wird mir aber immer aufs Neue bewusst, wie sehr mir die linke Hand mit ihren Fingern fehlt. Erst nach vier Monaten kann ich wieder eigenhändig einen Strumpf anziehen, was mich schier übermenschliche Anstrengung kostet. Ich möchte sofort wieder schlafen, so fertig bin ich nach dem kompletten Ankleiden. Überhaupt scheint es ein eisernes Prinzip der Schlaganfallrehabilitation in dieser Anstalt zu sein, den Patienten weder Ruhe noch ausreichend Schlaf zu gönnen. Ich erinnere mich noch sehr gut an meine

Großmutter Emma, die in den Hungerzeiten nach dem Krieg bei uns Kindern für ihre herausragenden Hefeklöße, aus denen nachmittags zum Kaffee wundersam mit Zucker bestreute und manchmal sogar mit Marmelade gefüllte Kräbbelchen oder Berliner entstanden, äußerst beliebt war. War ich krank und bettlägerig, wurde natürlich eine der Omas von meinen arbeitenden Eltern „bestellt". Sollte ich schlafen, was ich in meinen Erinnerungen ziemlich oft sollte, strich mir Oma Emma über die fieberheiße Stirn und flüsterte: „Schlaf dich schön rund und werd' gesund." So eine uralte Lebensweisheit hat natürlich heute im Zeitalter der Körperlichkeit und des Überflusses auf der Grundlage einer übermächtigen und auf alle Bereiche unseres Lebens Einfluss nehmenden Lebensmittel- und Pharmaindustrie keine Gültigkeit mehr.

Ich weiß zwar bis heute nicht, wie das mit dem „runden" Schlafen funktioniert, aber „gesund werden durch Schlaf" ist eine uralte Heilmaxime, die schon zu Zeiten des Asklepios gegolten haben muss. Unsere Altvorderen jedenfalls schworen auf die heilende Kraft von Wasser und Schlaf! Davon scheint man hier jedoch nichts gehört zu haben!

Die ersten Tage der Reha müssen die „Neuen" auch im Zimmer der Ergotherapie frühstücken. Da sitzen wir nun am großen Tisch und versuchen das Besteck zu gebrauchen, als sei nichts gewesen. Neben den Schwerstkranken in ihren hohen technischen Wunderwerken von Rollstühlen sitzen Therapeutinnen, die sie füttern. Diese Patientinnen und Patienten haben keine funktionierenden Schluckreflexe mehr, was eine ungeheure Qual sein muss.

Ich könnte wetten, dass selbst ein normal geschickter Mensch am Aufschneiden der Brötchen mit den vorhandenen Klinikmessern gescheitert wäre. Aber es gibt hier das „Einhänderbrett" eine sinnvolle Einrichtung, um Teigwaren

132

aufzustechen und Schnitten zu schmieren, das ich aus Trotz nie benutzt habe. Ich versuche es lieber gleich mit dem Messer und scheitere natürlich. Meine linke Hand kann wegen der fehlenden Sensibilität das Messer nicht festhalten. Ehe ich aber das doofe Einhänderbrett benutze, suche ich mir lieber mit den Augen eine barmherzige Person, die mir das Brötchen aufschneidet und vielleicht auch gleich schmiert. Dank meines hilflosen Blicks, bilde ich mir ein, habe ich damit keine Misserfolge. Es findet sich tatsächlich auch immer jemand. Ist aber mal niemand in der Nähe, esse ich die Brötchen eben so, wie immer in meinem bisherigen Leben: ohne aufzuschneiden und ohne Butter, die Wurst extra! Marmeladen- oder Honigbrötchen konnte ich noch nie ausstehen, also brauche ich sie auch hier nicht zu schmieren und zu essen.

Den ersten Essübungen folgen Hand- und Fingertraining. Also: gelähmte Hand auf den Tisch und erst einmal mit einem dünnen Vlieshandschuh Staubwischen. „Immer schön im Kreis. Und nun links herum! Versuchen Sie eine liegende Acht! Andersherum und nicht so eng! Bitte schön weit! Lassen Sie ihre linke Schulter unten und verkrampfen Sie nicht so!" Nachdem der Tisch sauber und kein Staubpartikelchen mehr zu sehen ist, lässt mich die eisige Grönländerin, die eigentlich einen schönen warmen Körper und warme Hände hat, eine Faust machen, was anfangs ohne ihre Hilfe überhaupt nicht gelingen mag, und anschließend alle Finger gerade ausstrecken. Ergotherapeutinnen sind im Allgemeinen sanfte und friedliche Damen und nicht so militant wie Physiotherapeutinnen. Das kommt vielleicht vom Körbeflechten und von der Seidenmalerei – Lieblingsbeschäftigungen in der Ergo, die keine lauten und strengen Kommandos vertragen. Darum sind Ergotherapeutinnen auch die „Gutmenschen" der neurologischen Rehabilitation. Übrigens ist mir während meiner gesamten Reha kein männlicher Vertreter dieser Spezies begegnet.

Mit den meisten Ergotherapeutinnen kann ich gut reden und scherzen. Die Übungen sind oft anstrengend und teilweise auch schmerzhaft. Oft fühle ich mich wie im Kindergarten, denn manche einfachen Greif- oder Halteübungen, wie beispielsweise das Setzen von Spielfiguren beim Halma oder „Mensch ärgere dich nicht" kann ich nur unter äußerster Anspannung aller Muskelgruppen vom Nacken bis in die Fußspitze bewältigen. Körper und Kopf werden schweißnass und ich muss so manchen Tropfen verschämt vom blank geputzten Tisch oder Spielbrett wischen. Wenn ich vor Anstrengung stöhne und seufze, denke ich an meine kleine zweijährige Enkelin Maxie, die in solchen Spielmomenten sicherlich vor Freude und Lust laut juchzen würde. Könnte sie mich sehen, wäre sie sehr verwundert, warum sich denn in drei Teufels Namen der Opa bei einem so schönen und interessanten Spiel derartig anstrengen muss. Gern hätte ich sie in solchen Augenblicken für mich spielen lassen. Aber sie lebt ja so weit weg. Viele ältere Patienten mögen die Spiele nicht und schimpfen lauthals über „diesen Kindergarten" und was denn nun um Gottes willen dieser Krimskrams mit der Heilung der Folgen eines Schlaganfalls zu tun hätten. Sie übersehen, dass es gar nicht um die Spielergebnisse, sondern um Mobilitätsübungen für die gelähmten Finger, Hände und Arme und bei vielen auch um das Training der durch den Schlag geminderten Gedächtnisleistungen geht.

Manchmal habe ich den Eindruck, normale Menschen laufen oder funktionieren im Unbewussten auf Schienen, die bei mir zerstört sein müssen. Das Beispiel hier von der Ergotherapeutin mag als Exempel dienen. Daran ist das schon beschriebene „Raum-Lage-Defizit" schuld. Meiner linken Körperseite sind die Sensoren der Tiefensensibilität abhandengekommen. Liege ich auf einer schmalen, freistehenden Pritsche, falle ich im Schlaf mit Sicherheit nach links herunter. Die gesamte linke Seite, also Kopf, Rumpf, Arm, Hand, Po, Bein und Fuß fühlen einfach nicht, ob sie aufliegen oder in der Luft hängen. Daher weiß ich auch nicht automatisch, weder beim Laufen, noch beim Stehen, ob mein linker Fuß nun auf dem Boden steht oder nicht. Das erfahre ich erst, wenn ich ihn sehen kann! Rechts passiert mir das nicht. Fasziniert bin ich immer wieder beim Warten vor einem Ergoraum im Kellergeschoss, wenn Personen, den Blick geradeaus, durch eine offene schmale Brandschutztür gehen. Knapp zehn Zentimeter vor dem eisernen Türrahmen nehmen sie ihren Arm und die Hand, die sonst unweigerlich schmerzhaft mit der scharfen stählernen Rahmenkante der Tür kollidieren würden, unbewusst automatisch aus der Gefahrenzone. Ich stoße an und tue mir weh. So eine Sch …

Seit 20 Minuten mühe ich mich, Kienäpfel links vom Tisch zu greifen und auf die Oberseite eines vor mir stehenden, etwa 40 Zentimeter hohen Therapiewürfels zu legen. Den linken Arm gerade nach vorn gestreckt zu halten, schmerzt und strengt über die Maßen an. Jeder Muskel meines Körpers ist auf das Äußerste angespannt, die Fußspitzen unter dem Tisch sind spastisch verkrampft und der Kopf ist schweißnass. Ich fühle mich an einen Bagger erinnert, so robotergleich ruckartig bewegt sich mein Arm. Die Übung wird durch die Vorgaben der Therapeutin erschwert: Der Ellenbogen des linken Armes wird durchgestreckt, die linke Schulter nicht hochgezogen, sondern unten gelassen, die Brustmuskulatur bleibt entspannt und das Atmen soll nicht vergessen werden. Alles ja ganz schön, aber erst mal können! Die Therapeutin nervt, weil sie ihre Ermahnungen ständig wiederholt.

Noch mehr Krimskrams

Es geht aber auch anders. Bei einer einfachen, aber freiwilligen Greifübung für eine wissenschaftliche Studie der überschlanken Oberärztin soll ich mit ausgestrecktem Arm einen dünnen Metallstab von oben in ein ebenso dünnes Rohr stecken. Über die Maßen angestrengt, will und will mir das nicht gelingen. Der Schweiß tropft wieder einmal und die Muskulatur ist zum Zerreißen gespannt. Weil ich keinen Halt mehr finde, rutsche ich in meinem Rollstuhlbus immer weiter nach vorn, bis ich fast zum Liegen komme und mein Po abzustürzen droht. Ich kann mich links noch nicht halten. Aber ich will es unbedingt schaffen, ist doch die Therapeutin ein wirklich bildhübsches Mädchen, dem ich in meiner geheimen Wahl zum schönsten Gesicht der Klinik schon den 1. Platz reserviert hatte. Da sagt doch dieses Madonnengesicht zu mir: „Herr Wendel, nun lümmeln Sie mal nicht so in ihrem Rollstuhl herum!" Aus war's! Die geheime Wahl wird aus innerbetrieblichen Gründen abgesagt. Ich bin zutiefst empört und mir platzt zum ersten und einzigen Mal der Kragen, denn ich kann Ungerechtigkeiten nicht ausstehen. Also werfe ich Stab und Rohr von mir und schnauze die Madonna nun meinerseits grob an, was eigentlich gar nicht meine Art ist: „Sie haben wohl einen Klaps. Ich falle vor Anstrengung fast aus dem Rollstuhl und Sie werfen mir 63-jährigem Mann vor, dass ich herumlümmle! Sie sind wohl nicht ganz gesund!" Ich ziehe mich wieder in Sitzposition und drehe ab. Fortan verweigere ich die Therapieeinheiten bei diesem Schöngesicht.

Ich greife also fleißig Kiefernzapfen. Kienäpfel, wie sie auch heißen, der gemeinen oder Waldkiefer *Pinus Sylvestris* sind ein wundervolles Ergotherapiematerial. Sie lassen sich gut greifen und fördern durch ihre stachelige Oberfläche die Sensibilität der Hand. Das kann ich mir jedenfalls so vorstellen. Unter all den Therapiematerialien, wie feinen runden Steinchen, kleinsten Perlen zum Auffädeln, Kirschkernen, Kichererbsen oder Linsen, um nur einige zu nennen, spielen Kienäpfel eine gewiss herausragende Rolle. Die Vorstellung, die Kiefernwälder der Brandenburger Mark seien samstags und sonntags von Kienäpfel sammelnden Ergotherapeutinnen überlaufen, amüsiert mich.

Endlich schwebt meine zuckende und vor Anstrengung zitternde Hand mit dem letzten Kienapfel über dem für ihn reservierten Platz. Nur schnell die Hand öffnen und loslassen. Mein Arm schmerzt unerträglich, aber ich schaffe es, der Kienapfel liegt ordentlich ausgerichtet in seiner Reihe: „Hurra, er liegt!", versuche ich triumphierend und schon mal Applaus heischend, die Therapeutin mit den Augen zu fixieren. Im selben Augenblick macht mein Arm eine letzte, ungewollt spastische Bewegung nach rechts und räumt, ohne mich vorher um Erlaubnis gefragt zu haben, neun der zehn in einer halbstündigen mühevollen und schmerzhaften Arbeit ordentlich platzierte Kienäpfel einfach wieder ab. Die meisten davon fallen natürlich auf den Boden und unter den Tisch. Die Therapeutin hebt einige davon auf, reagiert allerdings reichlich vergnatzt: „Dann eben noch einmal, Herr Wendel!" Ich bin außer mir vor Empörung und Ohnmacht. Das war der zündende Funke für einen älteren, ungeschliffenen Haudegen vom Bau und wahren Grobian. Er explodiert, flucht laut und schimpft, so dass man einen neuen Schlaganfall befürchten muss. Erwartungsgemäß schmeißt er den ersten Kienapfel nach der

Therapeutin. Nebenan lacht eine soeben noch schluchzende, vornehme ältere Dame hysterisch, aber alles in allem noch distinguiert auf. Die anderen haben nichts mitbekommen, da sie voll mit ihren letzten Kienäpfeln beschäftigt sind, die jetzt immer öfter vom Tisch fallen. Es ist doch gar zu schön, wenn sich die Therapeutin strecken muss! Die Häme ist allgemein und erinnert mich an die juchzende Freude eines Babys, wenn sich die Mama nach den Dingen bücken muss, die es immer wieder aus dem Kinderwagen wirft.

Dem Grobian vom Bau reicht's. Er beendet seine Therapie in Eigenverantwortung mit einem letzten Volltreffer auf den Hintern der Therapeutin und gibt damit das Signal zum allgemeinen Aufbruch. Nur Herr Gass sitzt derweilen immer noch friedlich schlafend an seinem Platz. Vielleicht träumt er gerade von der zum Frühstück genossenen Erdbeermarmelade, denn sein Schlaf wird wieder nur von kurzen, genüsslichen Schmatzern unterbrochen. Er hat während der gesamten Therapieeinheit gerade mal einen Kienapfel hochlegen können. Da er mir sympathisch ist, wecke ich ihn und wir fahren gemeinsam zur Tür hinaus. „Was für eine schöne Therapiestunde", begeistere ich mich, wie immer heftig den linken Türrahmen touchierend, was mir noch einen letzten genervten Blick der Therapeutin einträgt.

Sie scheint mir aber nichts übel genommen zu haben, denn schon am nächsten Tag „zeichnet" sie den Obergrobian vom Bau und mich aus: Während alle anderen wieder Kienäpfel sortieren müssen, bekommt er ein Brett, auf dem Schrauben verschiedener Gewindegrößen von 24 bis 06 so eingedreht sind, dass ihr vollständiges Gewinde nach oben herausragt. Er muss nun mit seiner gelähmten Hand die passenden Muttern aus einem kleinen Kästchen herauspulen und fachgerecht aufschrauben. Ich dagegen habe wieder einen Würfel

vor mir und bekomme ein neckisches kleines Rotkäppchen-
körbchen mit allerlei Krimskrams gereicht, von dem ich jedes Stück einzeln und nacheinander auf den Würfel legen
muss. Während ich das Körbchen schon mal auspacke, um
mir einen Überblick über seinen Inhalt zu verschaffen, schaut
mich die vornehme Oma schon ganz gespannt von der Seite an, ob es denn nicht bald wieder etwas zu lachen gäbe.
Leider muss ich sie enttäuschen, denn die Therapeutin hat
heute eine Praktikantin mitgebracht. Nicht dass Praktikantinnen keinen Spaß verstünden, aber sie haben andere Vorzüge: Wie schon bemerkt, zeichnen sie sich durch ihr zumeist
sehr jugendliches Alter und ihre Freundlichkeit aus. Sobald
man sie anschaut, lächeln sie und bilden so einen permanen-
ten Freundlichkeitszimmerspringbrunnen im Raum. Praktikantinnen erkenne ich so überall in der Klinik. Außerdem helfen sie bedeutend schneller als fest angestellte Therapeutinnen bei heruntergefallenen Gegenständen. Daraus resultiert
ein weiterer Vorteil ihres Einsatzes: Sie stehen in der Klinikhierarchie zwar ziemlich weit unten, aber bei den Patienten
irgendwie auch unter Naturschutz. Keiner traut sich mit stacheligen Kiefernzapfen oder 13er Stahlmuttern nach kleinen,
freundlich lächelnden Praktikantinnen zu werfen, weil sie einerseits so nett und barmherzig sind und andererseits jeder
weiß, dass sie für ihre Arbeit nicht bezahlt werden. Selbst
der Obergrobian bekommt weiche Gesichtszüge und verklär-
te Augen, wenn ihn die kleine Franzi oder die niedliche Sa-
rah anlächeln. Nette Praktikantinnen streicheln geplagte und
verzweifelt aussehende Patienten auch schon mal mehr oder
minder heimlich. Deshalb ist es ein ungeschriebener Ehrenco-
dex unter den Patienten, sie niemals zu ärgern. Kein einziges
Mal habe ich den Menschen vom Bau oder andere Patienten
mit Kienäpfeln nach einer Praktikantin werfen sehen. Viel-

140

leicht hat er ja selbst eine in seiner Familie. Sie zu ärgern, gehört sich einfach nicht. Sie sind tabu, also nimmt man sich zusammen und ist freundlich!

Mein Überraschungskörbchen ist von der Art Behältnis, wie es als Napf, Schale oder Becher in der Küche beziehungsweise auf dem Schreibtisch steht und in dem alles das abgelegt wird, was im Augenblick ohne Wert scheint und womit die Reinigungskraft im Moment des Putzens nichts Gescheites anzufangen weiß. Man möchte es aber auch nicht gleich wegwerfen, da es vielleicht noch gebraucht werden könnte, so wie ein alter Pfennig, ein abgerissener Knopf oder eine Stecknadel, die beim Staubsaugen vom Boden aufgehoben werden. Der Krimskrams in meinem Körbchen ist genau von dieser Art: ein Gummiring zum Fangen für Kinder oder den Hund, ein Stielkamm zum Toupieren von Frauenhaar, der wohl irgendwann im Therapieraum von einer ondulierten Dame vergessen worden ist, ein paar Streichhölzchen, zwei oder drei Alupfennige aus längst vergangener Zeit, ein kleiner Gummiball, eine Haarklemme, zwei Hemdknöpfe, einige kleine Perlen zum Auffädeln und eine klitzekleine 06er Stahlmutter, die vielleicht ein Vorgänger von Herrn Kessler unter dem Tisch entsorgt hat, um sie nicht aufschrauben zu müssen. Das alles muss ich nun greifen und auf den Würfel legen. Dafür ist schon mehr Intelligenz vonnöten, als für das stumpfsinnige Greifen von dummen stacheligen Kiefernzapfen. Ein klein wenig bin ich stolz auf die Aufgabe. Nicht jeder darf mit solch privaten und teilweise intimen Gegenständen arbeiten, denke ich mir jedenfalls. Deshalb möchte ich Streber, der ich nun mal bin, es besonders gut machen und mich des Vertrauens der Therapeutin würdig erweisen. Oberschlau will ich zuerst den Hundering auf den Würfel und dann nach und nach alles andere in dessen Inneres legen, damit zum Beispiel der Ball oder die Perlen nicht wegrollen und herunterfallen können. In einer guten Therapiestunde bleibt nichts dem Zufall überlassen. Alles ist dem Heilerfolg untergeordnet! Das übersehe ich manchmal kindlich naiv und bilde mir Dinge ein, die nur in meiner Phantasie existieren. Es tröstet mich, dass ich damit nicht der Einzige bin. Also auf ein Neues: Wieder beginnt der Arm zu schmerzen und spastisch zu zucken, auch die Schulter bleibt nicht unten, die Muskulatur verkrampft abermals, Schweiß bricht aus und ich vergesse zu atmen. Nichts ist anders als bei den urigen Kienäpfeln, nicht meine Reaktionen und nicht die bekannten Ermahnungen der Therapeutin und selbst die vornehme Oma lauert schon wieder auf etwas zum Lachen. Endlich liegt alles im Ring auf dem Würfel. Nur die kleine 06er Stahlmutter hatte sich versteckt und grinst mich verschämt vom Boden des Körbchens an. Gottverd ..., mit der hatte ich gar nicht mehr gerechnet. Wäre ich so gerissen wie früher als kleiner Junge im evangelischen Kindergarten, könnte ich sie ja einfach unter dem Tisch verschwinden lassen, so wie das fette Rindfleisch aus dem Krauteintopf oder der dicken Nudelpampe, die wir alle bis ins Mark gehasst haben und trotzdem bis zum Erbrechen essen mussten. Wenn wir das fette Fleisch unter dem Tisch verschwinden ließen, wir durften ja nichts auf den Tellern und in den Suppenschüsseln zurücklassen, begannen die kleinen Beinchen und Füßchen ihre Arbeit. Es scharrte und kratzte, dass es eine Freude war, denn es galt, den eigenen Platz sauber zu halten. Wenn unter einem der Essplätze so ein eklig, glibberig fetter Brocken gefunden wurde, bekam der Platzinhaber die Hand der „Tanten" oder „barmherzigen Schwestern" zu spüren. Und die strengen evangelischen Schwestern in ihren blütenweißen, frisch gebügelten Schürzen und mit den strengen Haarknoten am Hinterkopf hatten harte Hände! Der Appetit auf fettes Fleisch, insbesondere auf das vom Rind, ist mir seit jenen Tagen ein für alle Mal vergangen. Wenn ich so ein Stück im Essen finde, kommt mir noch heute der Brechreiz. Wir Vorschulkinder wurden damals, Ende der Vierzigerjahre, zu kleinen Wölfen am Esstisch: Aber fettes Rindfleisch war uns allen verhasst, mochten wir noch so hungrig sein! Hauptsache es trifft mich nicht! Und so waren die kleinen Beinchen unter den kleinen Tischen immer in Bewegung. Heute bin ich als Großvater zu alt und zu würdig, um noch mogeln zu wollen. Das traue ich mich aus ethischen Gründen nicht mehr. Irgendwann muss ich ehrlich geworden sein und bekomme selbst bei der kleinsten Versuchung, wie etwa die kleine 06er unter dem Tisch verschwinden zu lassen, Skrupel. Aber die kleine Mutter ist nun mal da, blinkt mich verführerisch an und möchte zu ihren Krimskramsgefährten auf den Würfel. So ein winziges, stählernes Kunstwerk mit zwei Fingern einer vor kurzem noch voll gelähmten Hand ohne Sensibilität zu greifen und exakt platziert wieder abzulegen, gleicht der Arbeit eines Baggerführers, mit dem Greifer seines Geräts eine Stecknadel vom Boden aufheben zu wollen. Halte ich das gute Stück endlich zwischen den gefühllosen Fingern, drücken diese, da ich die Kraft wegen der fehlenden Tiefensensibilität nicht angemessen dosieren kann, so fest zu, dass mir die Mutter aus der Hand schnipst. Oder auch anders: Wird meine Aufmerksamkeit von der Mutter in meiner Hand mental, audiovisuell oder anders abgelenkt, öffnet sich die Hand und lässt die Mutter zu Boden fallen, weil ihr gieriger Daumen eifersüchtig drängelt. Also heißt es doch wieder, die Therapeutin bitten, sich zu bücken. Sie fühlt sich genötigt, meiner Bitte umgehend nachzukommen, was mir einen vorwurfsvoll genervten Blick einbringt. Sogar Lisa reagiert manchmal so. Ich bin nicht dement, sondern vielleicht nur der „Einzige", der in seiner hektischen Umwelt viel Zeit hat. Das versteht aber niemand. Mein Zeitempfinden hat sich grundlegend geändert. Ich lebe in meiner eigenen, schon fast unheimlich verlangsamten Traumwelt. In der ersten Zeit nach dem Schlaganfall war mein ehemals sehr präzises Zeitgefühl verloren und ich habe Zeit- mit Raummaßen verwechselt. Die Dauer einer Stunde konnte ich nicht mehr abstrakt einschätzen, sondern nur noch in Verbindung mit einer räumlichen Entfernung im Fußgänger- oder Autotempo bemessen. Zum Beispiel kommt Lisa in etwa einer halben Stunde zu Besuch, dann muss sie mit dem Auto jetzt beim Ort A. oder B. sein. Von dort hat sie noch 30 km, also etwa 20 Minuten zu fahren. So in etwa ist mein Zeitverständnis seit dem Schlaganfall auch noch heute.

Während ich Lisas letzte Kilometer umrechne, hat sich die nette Praktikantin schon längst gebückt und reicht mir freundlich lächelnd die kleine 06er. Es ist wie verhext. Entweder schnipst es mir aus der Hand oder ich schaffe es mit dem schmerzenden Arm und dem durchgedrückten Ellbogen nicht, es auf die Würfelplattform zu transportieren. Ganz gleich: Das Sch ...ding landet immer auf dem Fußboden! Das sind Momente, in denen ich an mir verzweifle: So ein kleines mieses Stück, ein Pfennigartikel, den man nicht einmal einzeln kaufen kann, so billig ist er, nervt mich hier bis auf das Blut! Wenn ich mit meinem wie bei einem Volltrunkenen hin und her schwebenden Arm in der richtigen Höhe bin und die 06er eigentlich nur fallen lassen brauche, bleibt sie an meinen mittlerweile schweißnassen Fingern kleben und grinst mich schadenfroh an: „Hä, hä, so einfach wirst du Idiot mich nicht los!" Dann schwöre ich ihr mit knirschenden Zähnen Rache: „Ich kriege dich!" Also: Pause einlegen, Arm ausruhen und aufs Neue konzentrieren! Endlich fällt das kleine Mistding nach unsäglicher Anstrengung tatsächlich noch in den Gummiring. Es ist geschafft! Stolz blicke ich mich nach der Therapeutin um. Man möchte ja auch einmal gelobt werden! Ich hätte es wissen müssen: Im Augenblick des Umdrehens holt der linke Arm wieder spastisch unkontrolliert nach rechts aus und fegt den ganzen Krempel einschließlich Stahlmutter vom Würfel. Er scheint mir sagen zu wollen: „Zu früh gefreut! Mit mir musst du immer rechnen." Eifersüchtig wie immer, gönnt er mir nur das Lob der superblonden Grönländerin nicht. Es ist doch wie im Kindergarten. Überheblichkeit und Eitelkeit werden bestraft. Natürlich lacht meine Nachbarin wieder gnadenlos vornehm. Mir wird schlecht. Vielleicht habe ich mich über Gebühr angestrengt und bin nun unterzuckert oder aber durch Niederlage und Häme emotional so genervt, dass meine Seele streikt und mir mitteilen will: „Es langt nun mit diesem kleinen Sch . . . ding, lass' es endlich einfach verschwinden. Die Therapeutin ist ohnehin anderweitig beschäftigt. Sie schert sich nicht für einen deiner Alupfennige um die kleine 06er, die deine Bemühungen gar nicht wert ist!" Und dann fragt mich auch noch mein Verstand: „Was glaubst du denn, du eitler Idiot, wie oft du noch in den dir verbleibenden paar Jahren kleine grinsende 06er-Muttern auf einen Therapiewürfel legen musst? Dein ganzes bisheriges Leben hast du dich noch nie so lange und intensiv mit einem derart blöden Ding befasst." Jedenfalls hat es die 06er geschafft und mir den heutigen und die folgenden Tage versaut. Angesichts des von meinem spastischen Arm und seiner Hand auf dem Tisch veranstalteten Durcheinanders werde ich traurig und rolle schwermütig, niedergeschlagen und mit gesenktem Kopf von dannen. Selbst das obligate Anecken am linken Türpfosten nehme ich in diesem Augenblick ohne besondere Regung hin. Die erlittene Schmach schmerzt. Trost erhoffe ich mir abends von Lisa. Heute scheint sie mich aber nicht so richtig

145

verstehen zu wollen. Sie schaut mich bei meiner Erzählung vom Kampf mit der magischen kleinen 06er-Mutter an, als sähe sie mich zum ersten Mal in ihrem Leben. Erst gluckst es, dann platzt es aus ihr heraus und sie beginnt laut und anhaltend zu lachen. Sie kann sich gar nicht wieder beruhigen. Immer wieder prustet und kichert sie, wenn sie aufs Neue meinen verständnislosen und vorwurfsvollen, sicher nicht sehr geistreichen Gesichtsausdruck sieht. Ihre Heiterkeit kann ich ganz und gar nicht nachvollziehen und ihr Lachen stößt auf mein völliges Unverständnis. Doch sie beginnt von Neuem zu prusten und zu glucksen. Na, da hätte ich ja gleich bei der vornehmen Dame bleiben können. Schließlich steckt mich Lisa aber doch mit ihrer Heiterkeit an und ein erstes, leicht schiefes Lächeln kriecht zaghaft in mein Gesicht. Der Bann ist gebrochen. Schließlich pruste ich befreit mit, übrigens erstmalig über meine eigenen, körperlichen und geistigen Unzulänglichkeiten und die dadurch entstehenden tragikomischen Situationen und Momente. Meine Selbstironie hat sich wieder gemeldet, was mir sichtlich gut bekommt. Wir werden in Zukunft noch sehr oft über ähnliche slapstickverdächtige Situationen herzlich lachen können.

Mike Tyson

Auf dem Weg in den Speisesaal lerne ich Mike kennen, der eigentlich Frido heißt. Die Therapeutinnen haben mich nach eingehender Prüfung meines Orientierungssinnes und der Tisch- und Esssitten erst vor wenigen Tagen für fähig und würdig befunden, im großen Speisesaal zu essen. Zu jeder Mahlzeit fahre ich nun stolz aus meinem Zimmer an den Neuen am großen Stationstisch vorbei, knapp 50 Meter bis zum Rondell, wo ich mit meiner linken Rollstuhlseite dreimal, beziehungsweise mit Rückweg sechsmal täglich zur Wertminderung der Fahrstuhltür beitrage. Im Erdgeschoss angekommen, muss ich nur den richtigen Korridor erwischen, um in den großen Speisesaal zu gelangen. Von freundlichen Damen in Dirndlkleidern habe ich einen Platz angewiesen bekommen, an dem ich von ihnen, da ich wohl ziemlich lädiert erscheine, immer freundlich und hilfsbereit bedient werde.

In den Rondellen aller Etagen stehen tragende Säulen der freischwebenden zentralen Wendeltreppe. Beim Verlassen des Fahrstuhles im Erdgeschoss sehe ich, an die erstbeste Säule gelehnt, einen beeindruckenden, aber traurigen vielleicht Mittdreißiger stehen, dessen Statur eine gewisse Ähnlichkeit mit Mike Tyson, dem Ohren abbeißenden K.o.-Boxer hat. Für seine gewaltige Tiefe und Breite mit etwa 1,75 Meter eigentlich zu klein, wirkt er wegen seiner kurzen Muskulatur sehr kompakt, ja fast quadratisch, wäre da nicht die unverschämt pralle Rundung seine Bauches. Sein Gesicht ziert ein schwarzer, stoppeliger Dreitagebart, der kurze muskulöse Hals sitzt auf mächtigen, abfallenden Schultern, die den Schwerathleten verraten. Der Mann trägt ein buntes Hemd im Hawaii-Design mit zahlreichen Reklameaufdrucken. Da es ein wenig zu knapp sitzt, spannt es über den gewaltigen Bizeps und dem Bauch sowieso, wovon er über dem Hosenbund einen dicht schwarzbehaarten Streifen mit einem hässlichen Nabel und darunter die Reste eines Tattoos sehen lässt. Schwarze Haare und eine schwere Goldkette quellen ihm aus dem machohaft weit geöffneten Hemdausschnitt mit übergroßen Kragenecken. Eine weitere schwere Goldkette ziert sein linkes, behaartes Handgelenk über einer protzig goldenen Armbanduhr. Ich taxiere ihn als gutmütigen, aber nicht eben zimperlichen Türsteher, der einige Monate Knast hinter sich hat, worauf die tätowierten Symbole und Schriftzeichen auf seinen behaarten Armen und den Rücken der auffallend kleinen, dafür aber umso kräftigeren Hände hindeuten. Anlegen würde ich mich mit dem Typ nicht unbedingt. Er ist in diesem Umfeld jedoch so interessant, dass ich, neugierig geworden, etwas dichter an ihm vorüber fahren möchte. Dabei vergesse ich alles, was ich über meine linke Seite weiß. Und so kommt es, wie es kommen musste: Ich bin zu dicht und fahre ihm mit dem linken Rad über die Fußspitzen. „Auweia, jetzt wird's ungemütlich!", rast es mir durch den Kopf. Ich bremse scharf, drehe mich um und stammle verängstigt eine Entschuldigung: „Oh, bitte verzeihen Sie, das habe ich nicht gewollt, aber ich habe einen Neglect." Der Fremde schaut zuerst gleichmütig auf mich, dann auf seine Füße und murmelt ein: „Macht nichts, mir geht es auch nicht besonders" und grinst ein wenig schief. Der Zentnerbrocken, der mir in diesem Augenblick vom Herzen fällt, muss in der gesamten Klinik zu hören sein, so laut kracht er auf den Fliesenboden. Ach, ist mir dieser weiße

Mike Tyson mit einem Mal sympathisch, vor allem deshalb, weil meine Ohren heil geblieben sind.

Am Nachmittag findet Gruppentherapie für Feinmotorik und Sensibilität statt. Mike nimmt auch daran teil. Anscheinend bin ich der Einzige, den er kennt, denn er grinst mich freundlich an und nimmt neben mir am großen Tisch Platz. Alle blicken mit ängstlichem Schaudern auf ihn. Mein sozialer Status wächst ins Unermessliche, denn ich fühle mich in meinem Rollstuhl so bedeutend wie ein VIP mit Bodygard. Angefangen bei primitiven Urmenschen wird ja bis zum heutigen Tag unserer Zivilisation der soziale Status des Einzelnen durch die Anzahl seiner Bodygards bestimmt.

Die Ergotherapeutin ist eine kleine lustige Rothaarige, die ich schon aus der erwähnten Studie der rassigen Oberärztin kenne. Wir haben uns damals immer nett und mit viel Spaß unterhalten, uns alles in allem sehr gut verstanden. In der Gruppentherapie zur Feinmotorik geht es nun darum, unsere Fingerfertigkeiten zu schulen. Einige Patienten sollen, natürlich mit der gelähmten Hand, Streichhölzer vom Tisch aufnehmen und sie ordentlich in eine Schachtel sortieren. Andere üben mit kleinen Münzen und ich mit verschiedenartigen Knöpfen. Wir dürfen diese kleinen, plan auf dem Tisch liegenden, flachen Monster aber nicht über die Tischkante vorziehen und dann mit zwei Fingern greifen, sondern müssen sie vom glatten Tisch wegnehmen. Mike hat winzig kleine Liebesperlen nicht zum Essen, sondern zum Auffädeln bekommen, die er einzeln greifen und in ein kleines Schächtelchen legen soll. Wer Finger wie zu dick gefüllte Weißwürste mit abgekauten Nägeln und einigen Goldringen wie Mike hat, schafft das natürlich nicht. Er wird nach einer gewissen Zeit ungeduldig und verweigert schließlich die weitere Mitarbeit. Gerade ihm diese Winzlinge zu geben, scheint mir eher Schikane, denn The-

rapie zu sein. Mike emigriert in die Untiefen seines „ICHs",
sitzt regungslos auf seinem Stuhl und schaut ein wenig verzweifelt und ratlos auf die behaarten und tätowierten Rücken
der kleinen, dicken, flach auf dem Tisch liegenden Hände. Die
Rothaarige, sicher einiges gewöhnt, lässt ihm das durchgehen
und sieht ihn nur aus den Augenwinkeln lauernd an. Mike,
der Verweigerer, lässt die Tätowierungen nicht aus den Augen, er studiert sie so intensiv, als sähe er sie zum ersten Mal,
oder läse ein überaus spannendes Buch. Hinter der niedrigen, in sorgfältige Falten gelegten Stirn arbeitet es sichtbar
heftig. Wahrscheinlich wird dort gerade über Asylantrag und
die Duldungsfrist für die geistige Emigration entschieden. Alle
am Tisch sind bis auf die Rothaarige ganz still, atemlos neugierig und wagen weder den in sich gekehrten Mike noch die
kleine, ein gefährliches Spiel wagende Rothaarige anzusehen.
Nur unser Schläfer schmatzt leise, so als träume er von etwas
Leckerem und wolle die entstandene Stille nicht stören. Es
ist wie in der Grundschule, wenn Schüler nach einer Dummheit mit gesenkten Köpfen auf das Donnerwetter des Leh-
rers warten und sich nicht trauen, ihn oder jemand anderen,
am wenigsten aber den Delinquenten anzublicken. Einige sind
sichtlich betreten, andere können ihr Feixen kaum noch unterdrücken, aber alle wissen: Irgendetwas muss jetzt passieren.
Komödie oder Tragödie? Die Spannung wächst. Was macht
die Rothaarige? Was Mike, der Haudrauf vom Bau? Ich blicke mich um und zucke vor Schreck zusammen. Ein heftiger,
lauter Knall hinter mir lässt alle erschreckt die Köpfe heben.
Selbst der Schläfer wird munter, schmatzt noch ein-, zweimal
und schaut sich verwirrt um. Am Tisch blicken alle auf Mike,
der demonstrativ unschuldig auf seinem Stuhl sitzt und wie
abwesend, nur mit seiner rechten, flach ausgestreckten Hand
auf dem Tisch herumwischt, wobei es vernehmlich knirscht,

so als zermahle er etwas zu Pulver. Das können nur die Perlen sein! Aus Liebesperlen scheint er Liebespulver mahlen zu wollen. Ihm hat es gereicht; er hat einfach mit seiner flachen Hand vernehmlich krachend auf sein unschuldig kleines Perlenhäuflein gehauen. Natürlich kommt es zu Kollateralschäden, denn einige Perlen sind sowohl über den gesamten Tisch als auch auf den Boden gespritzt. Seine kleine Rache an der Therapeutin, die nun ihrerseits die Perlen vom Boden aufheben und selbst einschachteln muss. Mike hebt die Hand und blickt neugierig und voll Interesse auf ihre Innenfläche. Was er da sieht, befriedigt ihn offensichtlich, denn er zeigt sie zufrieden grinsend uns allen. Sie ist vollständig von vielen wie angeklebt wirkenden, bunten Perlen bedeckt. Den Rest seiner Aufgabe erfüllt er, indem er die Perlen mit dem linken Zeigefinger von der rechten Handfläche abstreift und einfach in ihr Schächtelchen fallen lässt. Fertig mit seiner Aufgabe lehnt er sich zurück und grinst die kleine Rothaarige an. „Cool und clever", hätte mein Sohn früher dazu gesagt. Selbst unser Obergrobian schaut, wie alle, die das mitbekommen haben, bewundernd auf Mike, der mich aus dem linken Augenwinkel schelmisch wie einen Bruder im Geiste anzwinkert. Dabei könnte ich so eine Nummer gar nicht abziehen, da ich viel zu geduldig, ängstlich und gutmütig bin, vor allem aber, weil ich immer trockene Hände habe, an denen kleine Liebesperlen nicht kleben bleiben wollen. Der Bann ist gebrochen, alle lachen laut und wie befreit. Auch die kleine Rothaarige, klug genug und froh, so billig mit ihrer kleinen Gemeinheit davon gekommen zu sein, lacht herzlich mit. Abends auf dem Weg vom Speisesaal zum Fahrstuhl sehe ich Mike wieder an die gleiche Säule gelehnt stehen. Wir reden ein paar belanglose Worte und beschließen auf ein alkoholfreies Bier in die Cafeteria zu ziehen. Dort am Tisch umfasst er sein Bierglas mit beiden Händen, so als wolle er es vor Räubern schützen und beginnt seine Geschichte zu erzählen, die ich nicht vergessen kann: „Ich bin Maurer, weißt du, habe vorwiegend auf Montage gearbeitet und gutes Geld verdient. Seit der Jugend boxe ich im Verein: Schwergewicht." Er studiert seine Hände, als sollten sie die Geschichte fortsetzen. „Alles lief wunderbar, die Arbeit, der Sport. Die meisten meiner Kämpfe habe ich durch K.o. gewonnen." „Das glaube ich dir gern!", murmele ich ehrfurchtsvoll. „Und dann lernte ich diese Frau kennen. Alles ging wie am Schnürchen: Ich hatte gute Arbeit, gutes Geld, eine scharfe Braut und im Sport lief auch alles ganz gut, es fehlte mir nur noch das Haus. Wir begannen zu bauen – natürlich mit Krediten. Ich konnte als Maurer und mit meinen Kumpeln zwar vieles selbst machen, aber die gesamte Innenausstattung bis hin zu den Gardinen kostete schon sehr viel Geld, dazu das Grundstück, das Material, na, was erzähle ich dir da! Aber eine viertel Million Kredit war das schon. Dazu die ganze Woche auswärts zur Montage und an den Wochenenden auf meinem eigenen Bau. Es gab alles in allem über ein Jahr lang keinen Feiertag, kein Ausruhen. Natürlich kam dabei auch die Frau, für die ich das ja alles gemacht habe, zu kurz, aber wir hielten durch. Ich hatte alles erreicht. Dann kam dieser Sch . . . tag mit dem Schlaganfall. Es war ein Blutgerinnsel. Du kennst das ja: Krankenhaus, Intensivstation, anschließend Rehaklinik. Natürlich nicht so schwer, denn ich konnte schon bald wieder gehen und mich völlig normal bewegen. Meine Frau hatte mich regelmäßig an den Wochenenden besucht. Heiraten wollten wir, sobald ich mit der Reha fertig bin. Tja, und dann kam sie nicht mehr ganz so oft. Sie hätte viel Arbeit mit dem Haus und so, sagte sie. Die Besuche wurden seltener. Natürlich begann ich, mir Gedanken zu machen." Er schaut wieder auf die Tätowierungen seiner

Hände und studiert sie, als stünde dort seine ganze Geschichte geschrieben, nimmt einen Schluck von dem Getränk, das Bier sein soll, und erzählt weiter: „Schließlich wartete ich fast jeden Tag hier unten und schaute den Autos auf dem Parkplatz hinterher. Einige Wochen wartete ich so. Sie ging nicht bei uns zu Hause ans Telefon und auch ihr Handy war aus. Ich konnte sie einfach nicht mehr erreichen: Weder in der Firma noch zu Hause. Da musste etwas passiert sein. Also beurlaubte ich mich von der Reha und fuhr heim. Nachdem ich in unserem Haus die Tür aufgeschlossen hatte, konnte ich nicht glauben, was ich sah: Leer! Das ganze Haus war leer. Kein einziges Möbelstück war zu entdecken, keine Lampe, keine Gardine hing mehr. Alles sauber ausgefegt. Kein Fernseher, kein Bild, nur meine Kleidung sauber auf Packpapierbögen auf dem Boden im Schlafzimmer abgelegt. Selbst die funkelnagelneuen Telefone: fort. Beim Nachbarn erfuhr ich, dass meine Frau in Begleitung eines fremden Mannes die Wohnung ausgeräumt hatte und beide mit einem Umzugswagen weggefahren sind. Plötzlich schoss mir ein furchtbarer Gedanke wie ein Blitz durch den Kopf. Der Nachbar fuhr mich zur Sparkasse. Dort kontrollierte ich die Kontostände: Nichts. Alles ebenso sauber leergeräumt wie das Haus. Ich war mit einem Schlag völlig mittellos. Ich Vollidiot hatte ihr noch in der Reha den Zugang zu meinen Konten gewährt. Da gab es noch verschiedene finanzielle Transaktionen, Überweisungen und Außenstände von der Firma und so. Auch alle Ersparnisse, einfach alles war bis auf den letzten Euro sauber abgeräumt. Wut, unbändige Wut auf dieses Miststück kochte in mir hoch. Ich musste die Schlampe suchen. Mit Hilfe einiger Freunde gelang es mir, ihre neue Adresse im Westen herauszufinden. Um es kurz zu machen: ich fuhr hin, fand die beiden, stellte sie zur Rede und versetzte dem Lover, der auch noch frech wurde, einen Patsch." „Auweia", dachte ich und starrte nun meinerseits auf seine Hände. „Das schmerzt ja schon beim Erzählen." „Um es kurz zu machen: Der Patsch kostete mich ein paar Monate Knast, denn er ist zufällig Bulle. Aber die waren es mir wert. Nun bin ich wieder draußen und setze die Reha fort. Da ich berufsunfähig geschrieben worden bin und weder Mittel noch Arbeit habe, wird das Haus nun wegen der Schulden zwangsversteigert, denn von der Schlampe ist nichts mehr zu holen. Sie hat wohl alles versteckt. Nur wegen des verfluchten Blutgerinnsels ist mein ganzes Leben den Bach runter. Ob ich mich jemals wieder davon erholen kann, das steht in den Sternen. Da war ich wohl zu idiotisch und habe die Falsche erwischt!" „Oh Gott", denke ich und mir wird dabei ganz schlecht: Ich kenne Lisa auch erst seit fünf Jahren und sie hat ebenso Zugang zu allen Konten. Die Angst von ihr verlassen zu werden, kriecht in mir hoch, nimmt mir die Luft und macht mein Herz beklommen. Mein Verstand sagt mir lächelnd: „Sie besucht dich jeden Tag und zeigt dir ihre Liebe. Wie kannst du nur so etwas Blödsinniges denken!" „Hoffentlich hast du recht", antwortet ihm mein Gefühl.

Import & Export

Flucht- und Ruhepunkt nach den täglichen Anstrengungen, Erfolgen und Niederlagen in den Therapiestunden ist mein Zimmer mit dem Panoramablick auf die schöne Landschaft der „Schweiz". Hier kann ich meine seelischen Wunden lecken und zur Ruhe kommen. Niederlagen, wie die Feststellung, dass ich unfähig bin, einen kleinen Gegenstand von A nach B zu legen, beschäftigen mich lange und lassen mich immer wieder verzweifeln. Dann sitze ich stundenlang in meinem Rollstuhl vor dem Fenster, schaue auf die grüne Wiese mit dem dunklen Waldrand und der Straße davor, von der immer wieder Autos zum Parkplatz der Klinik abbiegen. Ich beobachte Patienten, die sich allein und in ihren Rollstühlen auf den Wegen abmühen. Andere, von ihren Angehörigen oder Therapeutinnen geschoben, hocken zusammengesunken da, so als wären sie nicht mehr von dieser Welt. Ein Patient fällt mir wieder auf, der mit seinem Rollstuhl rückwärts fährt, was uns streng verboten ist. Vielleicht hat er eine Ausnahmegenehmigung. Es scheint ja auch leichter, seinen Aktivrollstuhl mit den Füßen nach hinten zu schieben, statt nach vorn ziehen zu müssen. Allerdings muss sich der Mann ständig mit dem Kopf nach hinten drehen, um den Verkehr zu beobachten. Ich bekäme Genickstarre und würde einen Unfall nach dem anderen produzieren. Er aber macht das virtuos und rast sogar nahezu artistisch, ohne zu bremsen, rückwärts den Abhang hinunter. Auf die Frage nach diesem „Verrückten" antwortet mir die Therapeutin, dass der Mann Bewohner des sich in der Nähe befindlichen Pflegeheims ist. Ach so! Jedes Mal, wenn ich ihn erblicke, muss ich lächeln. Der Mann hat einen akzeptablen Weg für sich gefunden. Uns dagegen wird hier alles wie kleinen Kindern vorgeschrieben: Wie wir zu fahren, zu üben, zu essen oder zu schlafen haben. Obwohl sich die meisten von „uns" mittlerweile in einer anderen, langsameren und stressfreieren Welt bewegen, versuchen die Ärzte und Therapeutinnen, die heilen wollen, und oft auch die von ihnen beeinflussten Angehörigen, uns mit aller Macht in ihre Welt der Eile, des Drucks, der Vorschriften, Gebote und Unfreiheit zurückzuholen. Natürlich ist die Wiedereingliederung in die Gesellschaft auch ihr Ziel. Einige zerbrechen seelisch daran. Kaum jemand fragt sich hier, was die täglichen, bewusst oder unbewusst beigebrachten Niederlagen und Demütigungen für die Seele der Patienten bedeuten. Unser schmatzender Träumer beispielsweise schläft immer und überall ein. Natürlich nervt er damit die Therapeutinnen, die mit der Gruppe „Mensch ärgere dich nicht" oder auch einfach nur Tischball spielen. Da stört ein schlafender Mitspieler. Da er so tief und fest schlummert, dass er auch von einem ein- oder mehrmaligen Ansprechen nicht munter wird, schlägt die Grönländerin entnervt unmittelbar vor ihm mit der flachen Hand knallend auf den Tisch. Schon wir anderen, die das sehen können, zucken bei dem Knall erschreckt zusammen. Einige lachen, mir kommt gleich wieder Sarajevo 1914 in den Kopf und auch der Schläfer schreckt verwirrt hoch, schaut sich um, orientiert sich kurz und nickt gleich wieder ein. Die Therapeutin lässt nicht locker; noch vier bis fünfmal wiederholt sie das Spektakel. Natürlich ohne Erfolg. Hier hat noch keiner geschnallt, dass er auch protestieren könnte. Ich habe mich mit ihm sehr oft von Rollstuhl zu Rollstuhl unterhalten, ohne dass er eingenickt wäre. Er ist in seiner eigenen Welt vielleicht glücklicher als bei dem hämischen Kinderspiel „Mensch ärgere dich nicht". Dann lasst ihn doch in drei Gottes Namen schlafen, sein Seelenfrieden ist ihm wichtiger als die Therapie mit einem Kinderspiel zur Förderung der Schadenfreude. Andererseits sollte man auch die jungen Therapeutinnen verstehen: Sie sind oftmals leidenschaftlich davon beseelt, den ihnen Anvertrauten helfen zu können und physische wie psychische Heilungsfortschritte zu erzielen. Ohne aktive Hilfe des Patienten funktioniert das nicht. Einen Schlaganfall und seine Folgen zu erleiden, ist eine unvorstellbar große persönliche Niederlage, wie es sich kaum ein Nichtbetroffener vorstellen kann! Täglich und nächtlich erinnern dich Körper, Geist und Seele daran! Du bist geschlagen, gezeichnet und gebrandmarkt, oftmals auch ganz unten in der menschlichen Gesellschaft angekommen. Du bist ja selbst schuld. Hast zwar immer brav deine Pflicht erfüllt, warst selten beim Arzt, hast dich nicht um deinen Blutdruck gekümmert und den Zucker vernachlässigt. Es gab ja keine Beschwerden! Die täglichen Niederlagen und Demütigungen in der Therapie sind unnötig, denn die Folgen des Schlaganfalls sind ständig präsent und sorgen schon dafür, dass du nichts vergisst. So verändert sich nach und nach bei vielen Patienten, entsprechend der Spezifik des erlittenen Insults, deren Charakter. Viele Angehörige beschweren sich förmlich bei den Ärzten, dass sich ihr Angehöriger total verändert habe und nicht mehr derselbe sei wie vor der Krankheit. Solche Veränderungen erfolgen nicht immer nur zum Guten. Manche Patienten können krankheitsbedingt sehr böse werden. Das ist ein schweres soziales Handicap, denn daran können viele zwischenmenschliche Beziehungen so mir nichts, dir nichts kaputtgehen!

Mein „Freund", der Rückwärtsfahrer, muntert mich auf, ich finde ihn klasse und bewundere ihn dafür, dass er seinen eigenen Weg auch gegen manche Vorschriften gefunden hat und sei es rückwärts. Faszinierend einfach, aber genial. Natürlich ist mir bewusst, dass er sehr gefährlich lebt! Therapeutische und pflegerische Gängeleien und Bevormundungen nehmen manches Mal überhand. Mit seiner Courage, sich dagegen durchzusetzen, macht er mir Mut! So oft ich ihn sehe, bange ich einerseits ängstlich um ihn, dass er ja nicht stürzt, andererseits muss ich aber auch amüsiert schmunzeln, weil er ein Bild wie aus einer frühen Stummfilmszene bietet, in der alle Fahrzeuge rückwärts fahren. Dann nehme ich mir meinen Fontane her und lasse mich vom alten Diener Engelke zur geselligen Abendgesellschaft bei Major a. D. Dubslav, Herr auf Schloss Stechlin, laden. So finde ich mein seelisches Gleichgewicht und meinen Humor wieder. Ich lese noch eine Stunde, bis ich Lisas Schritte vor der Tür höre.

Mein Zimmer ist der Ort intensiver und intimer Begegnungen mit dem medizinischen und pflegerischen Personal. Die Arbeit von Krankenschwestern und Pflegepersonal in der Rehaklinik ist körperlich sehr schwer. Mehrere Male täglich müssen die meisten Patienten vom Bett oder der Toilette in den Rollstuhl und umgekehrt förmlich bugsiert werden. Schwester Jana zum Beispiel, eine ehemalige Athletin mit einer entsprechenden Figur und Kräften wie ein Kerl, umfasst meine Hüfte und hebt mich an. Dann macht sie ein Hohlkreuz, um mich noch etwas höher zu bekommen und wirft mich fast aufs Bett. Ob das für sie gesund ist, bleibt dahin gestellt, aber sie kann es und lässt sich nicht davon abbringen, mir zu zeigen, wie kräftig sie ist.

Zu unserer zierlichen, blond gelockten Stationsärztin mit einem seltsam anmutenden Doppelnamen habe ich ein gutes Verhältnis und großes Vertrauen. Geduldig erklärt sie mir, was sie mit mir anstellt und warum die eine therapeutische

158

Maßnahme notwendig oder besser ist als eine andere. An meiner „Katheterkrise" trägt sie die geringste Schuld. Aber immerhin: Ich bin nicht der Einzige mit ernsthaften Schwierigkeiten durch den Blasenkatheter. Im Gegenteil: Nach den ersten sechs Wochen ist der mir in der Intensivstation eingeführte Katheter noch immer im Dauerbetrieb. Er beginnt zu nerven, da an dem Schlauch ja auch noch der Beutel mit dem „Rollstuhltreibstoff" hängt. Bei jedem Transfer, vor allem aber auch in der Physiotherapie, muss darauf geachtet werden, dass der Beutel mitgenommen wird. Die arme Therapeutin muss beim Laufen mit mir nicht nur mit dem Pushen nach links fertig werden, sondern auch den gefüllten Beutel mitnehmen und auf meine Anzugsordnung achten. Sie hängt ihn der Einfachheit halber hinten in den Gummibund meiner „Trainingshose", wodurch diese heruntergezogen wird. Manchmal kann man auf dem Korridor halbnackte Hintern sehen, wenn der Beutelhaken die Unterhosen mit erfasst hat. Nachts wird der „Treibstoff" ans Bett gehängt. Da baumelt er nun fest und ich an ihm dran. Wenn ich mich im Bett ab und zu einmal drehen will, was mir wegen der gelähmten linken Seite ohnehin schwer fällt, bekomme ich Probleme mit der Länge beziehungsweise Kürze des Schlauchs.

Das alles zerrt natürlich nicht nur an meiner Körpermitte, sondern mehr noch an den Nerven. Auch klettern bei allzu langem Gebrauch ein und desselben Katheters diverse, wahrscheinlich im Beutel geborene Bakterien nach oben und entzünden die Harnwege, Blase und im schlimmsten Fall die Nieren. Im Mikrokosmos der Klinik wird offen darüber gesprochen, da von diesen lästigen, aber auch schmerzhaften Beschwerden sehr viele Patienten und Patientinnen betroffen sind. „Bei mir ist alles entzündet und es beginnt schon zu eitern", teilt mir unverhofft ein Opa beim Frühstück mit, während ich gerade das weichgekochte Ei aufschlage und mir das gelbe „Dotter" über den Daumen läuft. Selbstverständlich unterhalten sich auch die Damen vernehmlich über ihre „fraulichen" Probleme. Es kann dann schon mal passieren, dass ich von einer unbekannten Dame aus der zweiten Reihe der Warteschlange unvermittelt und ohne Vorwarnung angesprochen werde und sie mir den Zustand ihrer inneren und äußeren Genitalien im Katheterdauerbetrieb ausführlich zu erläutern beginnt. Immerhin: Ich bin gut informiert. Vielleicht halten mich viele wegen des Doktortitels für einen Arzt. Wenn ich der Dame wieder begegne und sie mich freundlich grüßt, muss ich mir auf die Zunge beißen, um mich nicht aus Höflichkeit nach dem Zustand ihrer Genitalien zu erkundigen.

Eigentlich will ich ja damit nur sagen, dass die Katheter nicht nur bei mir, sondern bei allen Patienten verschleißen und nach einer gewissen Zeit allgemeine Beschwerden verursachen. Mir scheinen die Angestellten der inneren medizinischen Abteilung der Klinik, die seltsamerweise keinen Urologen anstellt, mit den vielen delikaten Problemen, die durch die Katheter aus den Intensivstationen verursacht werden, voll ausgelastet zu sein. Mein Katheter jedenfalls muss nun wegen akuter Harnwegsinfektion raus! Gottseidank! Endlich! „Aber", eröffnet mir unser zierliches Blondköpfchen: „Wenn Sie innerhalb von 12 Stunden nicht können, dann müssen wir Sie wieder kathetern oder Sie entscheiden sich für einen suprapubischen Katheter." „Einen Supra-was?", verstehe ich nicht ganz. „Katheter oberhalb des Schambeins! Der Katheter wird ihnen unterhalb des Bauches direkt in die Blase gelegt. Ist völlig ungefährlich und schmerzt nicht", erwidert die kleine Ärztin. „Platzt denn da meine Blase nicht?", frage ich zurück. „Ihre Blase ist ein Muskel und der Stich hinein schadet ihr überhaupt nicht. Der Muskel regeneriert sich ganz schnell wieder. Sie erhalten dadurch Gelegenheit, ihren Blasenmuskel so zu trainieren, dass die Blase, die durch die Halbseitenlähmung in Mitleidenschaft gezogen worden ist, wieder ordentlich funktionieren kann. Aber das dauert noch eine Weile. Bis dahin müssen wir Sie jeden Tag kathetern." „Na, gut. Einverstanden!", was soll man da denn sonst sagen?

Als Einfuhr wird auf der Station alles das bezeichnet, was die Patienten zu sich nehmen und als Ausfuhr, was dann wieder herauskommt. Beide Begriffe sind in der Welt der medizinischen Rehabilitation und Pflege wahrscheinlich standardisierte Fachtermini, die mir bis dahin als Bezeichnung für Essen, Trinken und Ausscheiden unbekannt waren. Beim medizinischen und pflegerischen Personal der Klinik sind sie üblich. Eine neue, mir noch unbekannte Schwester stellt fest, dass ich zu wenig Flüssigkeit einführe, also trinke, aber zu viel ausführe. Ich habe also, wie die deutsche Wirtschaft, einen Exportüberschuss und dagegen muss unbedingt etwas getan werden. Ein Plan soll her! So bekomme ich einen Getränkeplan, wie ich das Import/Export-Verhältnis auszugleichen habe. Die Patienten müssen auch einmal pro Woche zum Wiegen. Wer nicht so ab- oder zunimmt wie vorgesehen, muss damit rechnen, einen Export & Import- beziehungsweise Diätplan zu bekommen, an den er sich strikt zu halten hat. So kommt es, dass „Einfuhr" und „Ausfuhr" ein beliebtes Gesprächsthema unter den zumeist älteren Patientinnen ist und man diese beiden schönen, aus dem Lateinischen eingedeutschten Worte, allenthalben auf den Gängen, bei Tisch oder in den Warteschlangen vor und in den Therapieräumen sowie im Rondell, also überall dort, wo Kommunikation stattfindet, vernehmen kann. Mancher Außenstehende könnte anhand der Patientengespräche den Eindruck gewinnen, sich nicht in einer neurologischen Rehaklinik, sondern in der Chefetage von Opel zu befinden.

Brunhilde haut wieder einmal auf die Türklinke und hält triumphierend wie nach einer gewonnenen Schlacht gegen die Römer, nein, nicht den abgeschlagenen Kopf des römischen Feldherren Varus, sondern abermals einen Katheter hoch. Ich schließe die Augen und frage mich, womit ich das verdient habe. Ganz schnell noch bereue ich meine Sünden und bitte alle Menschen, denen ich irgendwann einmal etwas Böses angetan habe, nachträglich um Verzeihung. Nun ganz schnell an irgendetwas Schönes denken und: „Lieber Gott, lass' diese Prüfung schnell an mir vorübergehen." So germanisch kraftvoll wie eine kampfesfreudige Amazone ihre Lanze in den Leib eines römischen Legionärs rammt, führt sie mir den Katheter ein. Es schmerzt unsagbar. Das halte ich nicht jeden Tag aus! Es geht einfach nicht. Ich muss ganz schnell etwas unternehmen, ehe sich der Horror wiederholen kann. Also bitte ich die kleine blonde Stationsärztin, mir zu helfen, andernfalls drohe ich abzureisen.

Sie hilft und wie! Sie schickt mir eine Wunderwaffe: Lea. Genau die Richtige! Schwester Lea ist eine junge, zierliche und ebenso blonde wie schlanke gelernte Kinderkrankenschwester, die hier noch zur Probe arbeitet. Sie trägt eine feine randlose Brille und hat eine Gesichtshaut wie von Milch und Honig, so sagt jedenfalls der Dichter. Kein Fältchen, keine Sommersprosse, keine Narbe – nicht einmal eine Verfärbung der Art, wie sie bei vielen sonnengierigen Frauen aus dem Gemisch von Sonnenbrand und Deodorant entsteht. Nichts! Ihre Haut ist vollkommen. Ich kann das beurteilen, weil ich nun jeden Tag ihr konzentriertes Gesicht ausführlich studieren kann, während sie mich kathetert. Und wie sie das macht! Kein Schmerz, keine störende Prostata mehr im Weg. Noch besser!

162

Ich merke überhaupt nichts, sondern kann mich während der Prozedur ungestört und schamlos dem Studium ihres feinen Gesichts hingeben. Lea, so hieß die Schwester meiner Mutter Ruth, unsere Tante aus dem Westen. Von ihr kamen zur Weihnachtszeit die größten, reich mit Backzutaten gefüllten Pakete und wir Kinder waren immer sehr stolz auf sie. Zurück gingen dann fast ebenso viele Pakete mit den fertigen Stollen, die meine Mutter beim Bäcker mit den „West"-Zutaten von Tante Lea backen ließ. Ruth und Lea. Die beiden ebenso schönen wie alten hebräischen, biblischen Frauennamen begleiteten mich durch meine Kindheit. Daher haben Trägerinnen dieser Namen bei mir schon per se einen Sympathievorschuss. In den folgenden Tagen und Wochen avanciert Schwester Lea zu meinem Stern am Himmel von Metropolis. Ich glaube, auch sie mag mich ein klein wenig, so wie man einen alten knurrigen Zausel eben mögen kann – bilde ich mir jedenfalls ein!

Hilfe beim Abbau von Ängsten und Stress erhalte ich von Lisa. Sie kommt jeden Tag mit vollen Taschen und bringt mir immer etwas mit. Lisa hält zu mir und zeigt mir täglich ihre Liebe. Bei ihr kann ich jammern, klagen, Intimes besprechen oder mich über etwas lustig machen. Sie ist immer da, pflegt, tröstet und baut mich liebevoll wieder auf. Sie muss Schwerstarbeit an meiner verwundeten Seele leisten, denn all die kleinen, täglichen Niederlagen frustrieren und deprimieren. Manchmal streicht sie mir mit ihrer warmen Vanillehand über den Kopf oder die nackten Schultern, wenn sie mich gerade wäscht. Das macht mich glücklich und erleichtert meine Seele. Viel mehr brauche ich eigentlich nicht, um das hier einigermaßen zu überstehen. Mehrmals täglich überkommt mich bei all dem Elend um mich herum die furchtbare Erkenntnis, dass ich ohne sie völlig verloren wäre. Ich kann mich glücklich schätzen: Dank Lisa habe ich Hoffnungen auf die Zeit nach der Klinik und fühle mich geborgen. Viele meiner Mitpatienten, die keine Angehörigen mehr haben, müssen von hier den schweren Weg in ein von der Klinik vermitteltes Pflegeheim antreten. So gesehen ist deren Zeit hier nichts anderes als ein letzter Transfer in ihrem Leben! Dann freue ich mich umso mehr, wenn Lisa im Hause ist und ich ihren Gang höre. Ihre Schritte kann ich förmlich fühlen und von Weitem orten, wenn sie im Korridor vom Rondell kommend, auf meine Zimmertür zusteuert. Überhaupt identifiziere ich Besucher nur nach der Art des Anklopfens und des Umgangs mit Türklinke und Tür. Irgendwie scheint der Schlaganfall auch einige andere meiner Sinne geschärft zu haben.

Amerikanische Wissenschaftler und der Sahnekrieg

Der Sommer ist vorüber. Über Nacht hat sich meine Wiese mit Raureif geschmückt und das Gras weiß verfärbt. Die Laubbäume des Waldes leuchten in den letzten Sonnenstrahlen rotgold. Der November lässt mich den nahenden Winter körperlich fühlen. Es wird Zeit, dass ich nach Hause komme.

Heute muss ich die mir inzwischen lieb gewordene Station verlassen und mich der sogenannten Anschlussheilbehandlung unterziehen. Zwar verbleibe ich in der Klinik, muss aber in eine andere Station umziehen. Dort ist es wie in einem 3-Sterne-Hotel. Die Patientenzimmer sind gleich. Die Fußböden sind mit rauem Nadelfilz bedeckt. Gar nicht gut zum Laufen und erst recht nicht zum Stürzen. Bald habe ich offene Schürfwunden an Knien und Ellenbogen. Alle Transfers muss ich nun allein bewerkstelligen. Fremde Ärzte bestellen mich per Zimmertelefon zu sich und mir unbekannte Schwestern kümmern sich nicht mehr in den Krankenzimmern um die Patienten. Meine neuen Therapeutinnen finde ich im Erdgeschoss und im Keller. Dort ist auch das Laufband und ein Kraftraum, die mir beide nicht sonderlich gefallen. In Letzterem bestimmt eine Therapeutin, wie oft, mit welchen Gewichten oder welcher Geschwindigkeit die Übungen zur Stabilisierung des Muskelapparates durchgeführt werden sollen. Auf meinen schmerzenden linken Arm wird keine Rücksicht genommen. Davon ausgehend, dass alle Schmerzen dort letztlich vom Schultergelenk verursacht werden, sollen Arm- und Schultermuskeln gekräftigt werden, was ja richtig ist. Das Krafttraining führt mich jedoch täglich über die Schmerzgrenze meines Armes hinaus. Die Folge ist logisch: Die Muskelverletzung manifestiert sich, die Pein wird immer stärker und deshalb setze ich den verletzten Arm im täglichen Leben fast nicht mehr ein, weil jede auch noch so kleine Bewegung schmerzt. Jeder neue Tag im Kraftraum bringt mir, am Seilzug hängend oder Gewichte stemmend, neue Schmerzen. Meine beiden netten Ergotherapeutinnen möchten das natürlich ändern. Eines Tages überraschen sie mich mit einem genialen Vorschlag: Amerikanische Wissenschaftler, natürlich führend in der neurologischen Schlaganfallforschung, hätten erstmalig bei Versuchen mit Affen und später an Schlaganfallpatienten herausgefunden, man bräuchte doch „nur" den gesunden Arm durch Eingipsen oder Verbinden stilllegen, denn dann übernimmt der kranke, schmerzende, vom Gehirn gesteuert, automatisch alle verlorenen Funktionen. So weit so gut. Das glaube ich auch. Ich würde in meinem Fall aber lieber zuerst den kranken Arm stilllegen, um dessen Muskelverletzung auszukurieren. Aber den gesunden? Ich war bisher sehr stolz, dass mir hier in der Rehaklinik noch nie eine Schwester den Hintern abwischen musste, ich mich allein waschen und ankleiden kann, weil mein rechter Arm das bisher gerade so gut wie nötig geschafft hat. Undressierte Affen säubern sich nach dem großen Geschäft auch nicht ihre Hintern mit Papier. Das haben die Amis bei ihren Forschungen wohl übersehen. Ich lehne diesen Vorschlag jedenfalls kategorisch ab. Mit mir nicht!

Das Laufband, angedacht zum Training des noch fehlenden Laufrhythmus, mag ich überhaupt nicht. Die Therapeutin sichert mich in einer Art Pferdegeschirr vor dem Fallen und dann geht es gemäß des obersten Heilungsprinzips der Klinik los: „In allen Therapien wird mit gleicher Schnelligkeit und Kraft wie im richtigen Leben trainiert." Das heißt auf das Laufband bezogen: es läuft mit der für mich ungeheuren Geschwindigkeit von 5 km/h. Da kommt natürlich kein noch halb gelähmtes Bein, das noch nicht einmal den Boden fühlen kann, mit. Der Verlauf und das Ergebnis der Übung sind katastrophal: Kein normaler Schritt kommt zustande. Meine Füße stolpern über- und nebeneinander. Ich hänge in den Seilen wie ein Rückepferd im Tiefschnee der Waldkarpaten und weiß mit meinen Beinen nichts anzufangen. Sie schleifen schließlich unbeweglich auf dem laufenden Band entlang. Alle im Raum schauen mir mitleidig zu. So geht das 15 Minuten lang. Seitdem weiß ich jedenfalls wieder, wie schnell 5 km/h und wie lang 15 Minuten sein können. Mein Laufzentrum im Kopf muss wohl total zerstört sein. Kein Gefühl im Fuß! Am Schluss der Übung wäre ich den Tränen nah, wenn ich welche hätte und bin wegen der erneuten physischen und psychischen Niederlage noch viele Tage zutiefst verstört und deprimiert. Seitdem hasse ich das Laufband tief und inniglich, denn es hat mir wieder einmal gezeigt, wie „groß" meine Heilungschancen sind. Erst einige Wochen später hat mir eine sensiblere Therapeutin in der Tagesklinik beigebracht, wie es besser geht: Anfangs lief das Band so langsam, dass ich jeden Schritt bewusst setzen konnte. Erst als ich auf dem Band sicherer und stabiler war, wurde die Geschwindigkeit nach und nach erhöht. Jetzt konnte ich jeden Tag stolz auf meine Leistung sein und wartete frohgemut auf den nächsten Einsatz.

Der Tag auf der neuen Station beginnt wie in der DDR, wenn ich für meine Kinder und mich frühmorgens frische Brötchen kaufen wollte, in einer langen Warteschlange frühstückshungriger Menschen. Das Schwesternzimmer befindet sich im Rondell, nur werden hier keine Brötchen verkauft, sondern Zucker und Blutdruck gemessen sowie Medikamente ausgegeben. Die Laune der Wartenden ist hier, wie vor dem Bäckerladen obermies und die Menschen sind aggressiv. Keiner hat gefrühstückt und wer zu spät zum Bäckerladen sprich Speisesaal kommt, erhält kein frisches Brötchen mehr.

Am schlimmsten wird es jedoch an den liebevoll eingedeckten Tischen des Speisesaals mit der Kaffeesahne getrieben. Kaffeesahne scheint in der Klinik die Bedeutung von Salz bei urzeitlichen Primitivstämmen erlangt zu haben, denn im großen Speisesaal werden wahre Schlachten um die kleinen Kännchen mit der weißen Köstlichkeit geführt. Glücklich bin ich und froh, weil ich entweder Kaffee nur schwarz oder gar keinen trinke. Schon nach den ersten Tagen konnte ich feststellen, dass der Anstaltskaffee nicht das ist, was ich eigentlich unter Kaffee verstehe und obendrein meine Zähne verfärbt. Deshalb bin ich ganz gegen meine sonstigen Gewohnheiten auf „feinen" Kräutertee umgestiegen. Diesen Schritt habe ich nie bereut, denn so konnte ich die „Sahnekriege" kaltblütig als Unbeteiligter beobachten. Zur Ehrenrettung des männlichen Geschlechts sei hier vermerkt, dass die Schlachten um die kleinen Kännchen, dessen weißer Inhalt für 4 Personen reichen sollte, nahezu ausschließlich von der holden Weiblichkeit Ü-50 ausgetragen werden. Einige, diesmal vorwiegend auch ältere Männer, sind so maßlos, dass sie die Öffnung des Speisesaals kaum erwarten können, um ihn sofort drängelnd, wie beim Schlussverkauf, zu stürmen, um als erste am Tisch zu sitzen und das Kännchen unbemerkt vollständig leeren zu können. „Aber bitte mit Sahne . . . ", ist für manche Frühstücker in der Klinik keine Worthülse. Im Gegenteil, einige Patienten sind überzeugt, bleibenden Schaden an Leib und Seele zu nehmen, wenn sie heute zum Frühstück weniger oder im schlimmsten Fall gar keinen Tropfen der weißen Beute abbekommen.

Etliche der ansonsten verschworenen Frühstückstischgemeinschaften brechen durch die permanent heftigen Sahnekriege auseinander.

Das Ziel dieser Rehaphase besteht darin, die Patientinnen und Patienten auf ein selbstbestimmtes Leben vorzubereiten. Die Warteschlangen vor dem Schwesternzimmer im Rondell und die Verteilungskämpfe im Speisesaal erlangen unter dieser Prämisse das Prädikat „Erzieherisch wertvoll".

Mein Tagesplan ist noch genauso dicht belegt. Trotzdem ist alles völlig anders. Jedoch meine Psychologin und Gottseidank auch die Ballettmeisterin bleiben mir erhalten. Sie haben sich auch weiterhin als Gesprächspartnerinnen angeboten, was ich außerordentlich schätze und mit Freude annehme. Die Physiotherapeutin hat sich offenbar durchgesetzt und darf mir weiterhin im Stehtisch die Fallneigung austreiben.

Die Vertreibung aus dem Paradies, wie ich den erzwungenen Stationswechsel bald für mich nenne, bekommt mir ganz und gar nicht. Ich fühle mich immer schlechter, entwurzelt, vertrieben und ausgestoßen. In der alten Station war ich sicher und wie zu Hause. Dort war ich sozialisiert, hatte menschliche Bindungen. Manchmal konnte ich sogar helfen und mich ein wenig nützlich machen. Nun fehlen sie mir alle: Die vornehme Oma, die jetzt im Speisesaal jenseits des großen Ganges sitzt und mit mir manch melancholischen Blick wechselt. Was haben wir doch gemeinsam herzlich lachen können. Meinen Freund, den Rückwärtsfahrer, kann ich auch nicht mehr sehen. Wie oft hat er mir, ohne es zu wissen, Trost gespendet. Der Panoramaausblick des neuen Zimmers ist prosaisch: Fenster eines grauen Querflügels der Klinik samt dem gepflasterten Hof mit Garagen. Ich würde ihn gern gegen die liebliche Schweizer Landschaft mit meinem „Freund", dem Rückwärtsfahrer, zurücktauschen.

Zwei wichtige Dinge sind jedoch Gott sei Dank noch bei mir: Lisa, meine treue Seele, und die Musik des süddeutschen Radiosenders. Lisa besucht mich weiterhin aufopferungsvoll jeden Nachmittag, und auch der Radiosender wird mir immer wichtiger.

Exit

Meine Stimmung beginnt umzuschlagen. Ich mag nicht mehr mit Lisa an die frische Luft gehen oder überhaupt das Zimmer verlassen. Die täglichen Therapiestunden sind mir über. Die Kinderspiele in der Ergotherapie scheinen nur noch lächerlich. Mitpatienten beginnen zu nerven. Ihre Macken, vor nicht allzu langer Zeit noch kurzweilig und amüsant, können mir kaum mehr ein Lächeln, geschweige denn Lachen entlocken. Ich kann mich selbst nicht mehr ausstehen. Nach vier Monaten Reha fühle ich mich nur noch unendlich müde, ausgebrannt und gelangweilt. „Burn out" nennt man wohl so etwas. Therapiefortschritte kann ich nicht mehr erkennen und ich habe das Gefühl, übertherapiert zu sein. Eine Pause würde mir gut tun. Ich bin auch längst nicht mehr so konzentriert wie noch vor einigen Wochen. Das wirkt sich besonders auf die Arbeiten am Computer aus, wo ich manche Aufgabe, die ich vorher spielend bewältigte, nicht mehr lösen kann. Zunehmend introvertiert starre ich immer längere Zeit durch die Panoramafenster auf den tristen Hof. Am liebsten versteckte ich mich im Unterholz des nahen, inzwischen buntbelaubten Waldes mit seinen vom Herbstwind heftig bewegten Wipfeln. Selbst bei der Lauftherapie bin ich nicht mehr konzentriert und stolpere nur noch über meine eigenen Füße oder verliere einfach so aus dem Nichts mein Gleichgewicht. Der junge Arzt dieser formidablen Station lässt mich aus dem Rollstuhl aufstehen und wie einen Soldaten vor dem Feldwebel mit meinem Vierpunktstock paradieren, schaut sich meinen zugegebenermaßen noch sehr wackligen Gang an und befindet herablassend: „Na, bei dem, was Sie ‚Gehen' nennen, ist die Angst wohl auch größer als die Vaterlandsliebe?" „Wie bitte?", wage ich ihn zu fragen. „Ich meine, bei ihnen läuft die Angst mit. Deshalb gehen Sie so schlecht!" Auf ein bisschen Einsicht dieses Diplomaten und medizinischen Feingeistes im weißen Kittel hoffend, erkläre ich ihm, dass ich bisher schon mehr als zehnmal schwer gestürzt bin, wovon die vielen Hämatome an meiner linken Körperhälfte und die frisch aufgeschürften Kniewunden zeugen, und dass mir von der Stationsärztin eine „ausgeprägte Fallneigung" amtlich bescheinigt wurde, weshalb ich noch immer im Rollstuhl sitzen muss. Er versucht mir Trost zu spenden: „Sie werden noch sehr oft hinfallen! Ich habe es ihnen ja gesagt, Sie haben zu viel Angst. Versuchen Sie doch mal, nur auf dem linken Bein zu stehen und ihrer Angst Herr zu werden!" Das habe ich noch nie probiert. Wahrscheinlich falle ich dabei sogar hin, aber er wird mich schon halten. Dem herablassenden Herrn Arzt hätte ich es schon gern gezeigt. Lisa würde in diesem Augenblick nur verächtlich geschnaubt haben: „Männer!" Den Mann fest im Blick, hebe ich ganz langsam mein rechtes Bein und stehe tatsächlich für einen kurzen Moment nur auf dem linken Fuß. Aber dann zieht mich mein Ungleichgewicht unwiderstehlich nach links und nahezu im Zeitlupentempo falle ich dahin, wo es ständig schmerzt: Auf die linke, noch von den Hämatomen des letzten Sturzes gezeichnete Hüfte sowie den ohnehin schmerzenden Arm und seinen ramponierten Ellenbogen mit der Schleimbeutelverletzung, die noch nicht vom letzten Sturz verheilt ist.

Der Arzt wird hochrot im Gesicht. Ihm ist das Ganze sichtlich peinlich, aber ehrlich gesagt, er hatte keine reale Chance, mich aufzufangen oder zu halten. Jedenfalls besitzt er so viel Anstand, sich bei mir zu entschuldigen. Das ist der Anfang vom Ende meines Aufenthaltes in der Klinik. Das Essen schmeckt nicht mehr. Bei einem nächtlichen Sturz auf den grauen Nadelfilzbodenbelag in meinem Zimmer, auf dem ich anschließend zwei Stunden lang völlig verkrampft, bewegungsunfähig zubringen musste, ehe Rettung nahte, schlagen Knie und Ellenbogen wieder an der gleichen Stelle auf und die kaum verheilten Wunden öffnen sich höllisch schmerzend erneut. Das ist nicht alles: Die medizinische Fußpflegerin hat mir am rechten großen Zeh leichtsinnig einen Nietnagel gezogen und die entstandene Wunde infiziert, so dass diese eitert. Deshalb entfallen die Laufübungen und ins Schwimmbad darf ich natürlich auch nicht. Wenn man schon kein Glück mehr hat, kommt meist noch Pech dazu! Diese alte volkstümliche Weisheit bewahrheitet sich jetzt. Alles scheint schiefzugehen: Trotz Kurzwellenbestrahlung und Massagen ist mein linker Arm wegen der starken Schmerzen überhaupt nicht mehr zu gebrauchen. Die Finger meiner linken Hand sind steif und verkrümmt. Mit dem Laufen geht nichts mehr, ich stürze bei jeder sich bietenden Gelegenheit. Was soll nur werden? Die Stationsschwestern haben mir eine Urinflasche, im Volksmund wegen ihrer Form auch „Ente" genannt, verweigert. So schlafe ich nachts, aus Angst, den richtigen Moment zu verpassen, sehr schlecht, denn ich muss ja nachts, verschlafen wie ich bin, aus dem Bett in den Rollstuhl steigen, ins Bad rollen, dort auf die Toilettenschüssel und zurück wechseln, um schließlich und endlich erleichtert wieder in mein Bett zu kommen. Jeder dieser Vorgänge, die ich nächtlich wegen des durch die Katheterzeit verkleinerten Volumens meiner Blase vier- bis fünfmal wiederholen muss, dauert bestimmt seine 20 Minuten. Manchmal schlafe ich auf der Toilette einfach ein oder setze in meiner Schlaftrunkenheit den linken Fuß falsch, was natürlich sofort durch einen mehr oder minder schmerzhaften Sturz quittiert wird. Danach dauert der ganze Akt des Aufstehens entsprechend länger, denn ich muss, um überhaupt und ohne Hilfe wieder hoch zu kommen, an mein Bett oder den Rollstuhl heranrobben. Dabei sorgt der unfreundliche Nadelfilz regelmäßig für die Erneuerung von teilweise schon verheilten Schürfwunden. Erst am Bett oder dem Rollstuhl kann ich mich schließlich zu einem stabilen Sitz hochziehen.

Depressionen suchen mich nicht nur wegen der zahlreichen Stürze und der von blauen Flecken begleiteten, offenen Schürfwunden heim, die meinen Körper schmerzhaft zieren, sondern mein psychischer Allgemeinzustand ist mehr als jämmerlich. Die gesamte Atmosphäre auf dieser Station zieht mich abwärts.

Jeden Morgen muss ich rechtzeitig damit beginnen, mich selbständig zu waschen und anzuziehen, was ich ja auch kann und mich nicht weiter stört! Beim Anziehen der Strümpfe hatte ich bisher immer Hilfe, denn enge Elastikstrümpfe mit nur einer Hand über ein noch halb gelähmtes Bein zu ziehen, gehört zu den großen Herausforderungen eines jeden Klinikmorgens auf dieser Station. Daher hatte ich anfangs die „glänzende" Idee, einfach früher aufzustehen und mich schon fertig zu machen, um die Schwester beizeiten anläuten zu können. Seitdem bin ich jeden Tag schon gegen 5 Uhr auf, mache meine Morgentoilette und ziehe mich an, um so früh wie möglich, der Strümpfe wegen, die ja nicht meine Erfindung sind, nach der Schwester läuten zu können. Freundlicher ist zu dieser frühen Morgenstunde niemand, sondern eher noch barscher, wahrscheinlich weil es auch für die Schwestern zu dieser Stunde noch keinen Kaffee gibt. Man darf zwar klingeln, aber die drei hier tätigen Damen sind in ihrem Schwesternzimmer damit beschäftigt, die wartende Patientenschlange abzufertigen.

Wenn dann doch mal eine in mein Zimmer kommt, ist sie natürlich „bestens" gelaunt, raunzt und schaut mich an, als wolle ich an ihr Geld. Anschließend muss ich mich dafür pünktlich in die Warteschlange frühstückshungriger und kaffeesahnegieriger, unfreundlicher Patienten vor dem Schwesternzimmer einreihen, wo ich nahezu der einzige Rollstuhlfahrer bin, der von den anderen Patienten, die schon auf beiden Beinen stehen und gehen können, kaum noch wahrgenommen und deshalb in der Schlange oftmals ignoriert wird. Die „Halbgesunden" zeigen schon wieder eine verdächtige Eile. Sie schieben und drängeln sich vor, dass es eine wahre Freude ist. Selbst im Allerheiligsten, dem Schwesternzimmer, wird gedrängelt. Das morgendliche Wartechaos erinnert mich an ein Wahlbüro: Eine Schwester misst den Blutdruck, die andere sitzt mit dem spitzen Bleistift erwartungsvoll dabei, um die beiden Werte möglichst zügig und fehlerfrei in den jeweiligen Krankenakten auf der richtigen Seite und korrekt an dem dafür vorgesehenen Platz einer Tabelle zu vermerken. Die Dritte, wahrscheinlich die Ersatzfrau zum Bleistiftspitzen, sitzt dabei, erzählt den neuesten Klatsch und Tratsch und trinkt Kaffee. Hier ist die Welt noch in Ordnung. Das ist noch Sozialismus pur. Die DDR lässt grüßen! Pünktlich 8 Uhr schließt dieses Relikt sozialistischer Bürokratie. Meine Tagesration Kapseln, Tabletten und Pillen bekomme ich hier auch ausgehändigt, muss aber zu deren Einnahme in mein Zimmer zurück. Anschließend habe ich pünktlich im Speisesaal, drei Stockwerke tiefer, unter Nutzung des ständig überfüllten Fahrstuhl, zum Frühstück zu erscheinen, denn auch der Saal schließt pünktlich 8.15 Uhr. Wer diesen Termin verpasst, bleibt bis zum Mittag nüchtern. Ach, wie sehr vermisse ich hier die zarte, mitfühlende Anna oder die perfekte Lea mit dem makellosen Teint. Schon der militärisch kurze Männerhaarschnitt, der die

Schwestern dieser Station haarmodisch vereint und ihnen den Charme von bärbeißigen Sergeants der US-Marines verleiht, sollte mich stutzig gemacht haben. Ich hätte es wissen müssen! Nun bin ich todmüde und möchte einfach nur nach Hause, mich in meinem Bett verkriechen, vor mich hin träumen und eintauchen in die bisher eher wenig geliebte Welt der Kindheit und frühen Jugend, die mich jede Nacht mit längst vergessen geglaubten Ereignissen und Personen konfrontiert. Lisa und ich sind ziemlich verzweifelt. Natürlich mag sie mich nicht, wenn ich deprimiert bin. Das kann ich gut verstehen. Ich soll immer ein möglichst fröhliches, zumindest aber zufriedenes Gesicht machen. Auch anderen bleibt mein desolater seelischer Zustand, den ich etwas salopp als eine Form von Hospitalismus bezeichne, nicht verborgen. Meine kluge Psychologin, der ich mich leider auch zunehmend entfremde, rät mir zum Verlassen der Klinik und zur Weiterbehandlung in einer Tagesklinik. Eine andere Lösung bietet mir der Oberarzt an, nämlich mich an den Wochenenden nach Hause in Urlaub zu entlassen. Diese Möglichkeit wird von vielen Patienten wahrgenommen, die dann am Montagmorgen traurig im Speisesaal beim Frühstück sitzen. Ich lehne ab, weil ich den Feiertag zu Hause wegen der bevorstehenden Rückfahrt in die Klinik nicht genießen könnte. Die sonntägliche Depression möchte ich weder Lisa noch mir selbst antun. Also bleibe ich sonntags lieber da und freue mich auf Lisas Besuche. Obwohl ich, wie viele andere Patienten auch, etwas beklommen bin, wenn es heißt nach Hause zu gehen, weil ich noch nicht weiß, wie ich den Alltag meines zukünftiges Privatlebens bewältigen soll, hat die Idee, die Klinik bald endgültig verlassen zu dürfen, etwas sehr Verlockendes. Auch Lisa ist besorgt, aber wohl in erster Linie wegen der rund 50 Treppenstufen, die wir bis zu unserer Wohnung steigen müssen. Sie hat zwar auf unsere Kosten einen zweiten Handlauf im Treppenhaus so anbringen lassen, dass ich mich sowohl beim Hoch-, als auch beim Heruntersteigen mit der rechten Hand festhalten und sichern kann. Sie ist aber nicht davon überzeugt, dass meine Beinmuskeln dieser Herausforderung beziehungsweise Beanspruchung gewachsen sind. Mit meiner Ballettmeisterin habe ich Treppensteigen schon ausführlich üben dürfen und konnte feststellen, dass meine Beinmuskelkraft für die doppelte Anzahl von Stufen ausreicht. Lisa lässt sich von meinen Beteuerungen, ich werde es schon schaffen, aber nicht so leicht überzeugen, was mich ärgert. Meine eigenen Bedenken gehen hingegen in eine ganz andere Richtung, die ich aber gar nicht erst wage Lisa gegenüber zu äußern: „Wie komme ich, ohne hinzufallen und nur mit meinem Vierpunktstock bewaffnet, durch die große, automatische Windfangtür der Klinik nach draußen zum Auto?" Deswegen kann ich schon mal schlecht einschlafen, liege wach und grüble. Es wird langsam Zeit, mich ernsthaft auf die Erfüllung meines bei der ersten Visite gegebenen Versprechens vorzubereiten, auf eigenen Beinen und ohne fremde Hilfe die Klinik zu verlassen.

Die neue Physiotherapeutin aus dem Erdgeschoss, eine ebenso fröhliche wie attraktive therapeutische Spitzenkraft, bitte ich, verstärkt mit mir zu laufen und das doch bitte mit einem normalen „Einpunktstock". Sie erfüllt mir die Bitte. Obwohl ich mich mit ihr Wochen zuvor bei den Übungen in der „Fußgruppe" etwas angelegt hatte, ist sie großmütig. Wir verstehen uns prima. Ich bin zwar nicht ihr Typ, aber vielleicht gerade deswegen. Kurz und gut, sie bringt mich meinem Ziel ein großes Stück näher. Wir steigen auch noch einmal erfolgreich die große freischwebende Treppe vollständig herauf und hinunter.

Der Tag der Entlassung steht fest! Ursprünglich dafür auserkoren war von den Ärzten der Morgen nach dem evangelisch-lutherischen Buß- und Bettag. Nicht ohne Hintergedanken habe ich es jedoch geschafft, den Ärzten und Schwestern einen Tag abzuhandeln, so dass ich schon am Feiertagmorgen, 132 Tage nach dem Schlaganfall und nach ununterbrochenem Klinikaufenthalt, gehen darf. Der frühere Zeitpunkt erspart mir viele überflüssige Verabschiedungen. Es müssen ja nicht gleich alle wissen, wann ich nach Hause gehe. Verabschiedungen bereiten Schmerzen, die ich mir immer ersparen wollte. Das Wiedersehen ist dagegen ein freudiges Ereignis. Der Ankommende steht im Mittelpunkt dieser Freude, was wohl jedem gut gefällt! Mit einigen der neuen Bekannten wird es gewiss irgendwann ein Wiedersehen geben. Außerdem kann ich sicher sein, zum Feiertag früh einigermaßen unbeobachtet durch die Tür nach draußen zu kommen, wenn die große Eingangshalle noch fast menschenleer ist. Auch Rehapatienten schlafen sonntags morgens gern länger. Lisa verspricht mir am Vorabend, kurz bevor sie mit der schon fertig gepackten Tasche nach Hause fährt, mich gegen 10 Uhr abzuholen. Ein bisschen spät, befinde ich ein wenig enttäuscht, muss mich aber fügen, denn sie braucht ja auch ihren Schlaf. Meine Nacht dagegen verläuft wie immer in der letzten Zeit sehr anstrengend.

Am Morgen der Entlassung stehe ich gegen 5 Uhr auf, mache meine Morgentoilette, ziehe mich an, bin eine Stunde später fertig und habe sogar das Bett gemacht. Den lästigen Thrombosestrümpfen konnte ich wegen der offenen Sturzverletzungen schon vor Tagen entkommen und mit meinen grauen Herrensöckchen komme ich prima zurecht. Alles ist bereit. Das letzte Frühstück im Speisesaal lasse ich ausfallen. Wir wollen zu Hause gemeinsam frühstücken, hat mir Lisa versprochen. Zum Lesen bin ich noch zu müde und zu aufgeregt. So mache ich das, was ich in ähnlichen Situationen auch schon früher getan habe: ich lege mich gewaschen und angezogen noch einmal aufs Bett und schlafe auch gleich übermüdet ein. Tiefer Schlaf lässt die Zeit unbemerkt vergehen. Tatsächlich ruhe ich, bis mich Lisas zarte Hand weckt. Nachdem ich begriffen habe, wo ich bin und was los ist, beginne ich mich zu schämen. Das Gefühl hält allerdings nicht lange vor, denn ich realisiere nun, was mir bevorsteht! Glücksgefühle schleichen sich ganz leise von hinten heran und nehmen langsam von mir Besitz. In meiner geschundenen Seele verursachen sie aber schnell Euphorie. Deshalb muss ich jetzt gut auf mich achten, dass sie mich nicht aller Vorsicht berauben und mich überflüssigerweise noch zum Stürzen bringen.

Es regnet anhaltend und gleichmäßig einen novemberlichen Landregen. Die perfekte Zeit für Buße, Gebete und innere Einkehr, die bei uns jedoch heute entfallen. Also, fertig und ab in den Rollstuhl, es ist schon später als gedacht. Im Korridor zum Rondell treffen wir den bellenden Kollegen, Max, wax, wax, mit seinem Kumpel Toni und ihren beiden Frauen. Dem kurzen Bedauern, dass ich die Klinik schon verlasse, folgt ein herzliches „Auf Wiedersehen!" Die Frauen tauschen noch die Telefonnummern und auf geht's zum Fahrstuhl. In meinem Rücken bellt ein frecher Dackel, begleitet von Tonis leicht irrem Lachen. Ein letzter Blick auf den ramponierten Türrahmen des Fahrstuhls erinnert mich noch einmal an meine täglichen Missetaten. Oh Schreck, die Halle im Erdgeschoss ist doch voller als ich angenommen hatte, da es mittlerweile schon nach 10 Uhr und das allgemeine Frühstück beendet ist. Aber deshalb umzukehren und noch einen Tag zu warten, kommt nicht in Frage. Die Tür und das Frühstück zu Hause warten. Lisa parkt mich in einer kleinen Nische, hinter Blumen versteckt, um das Auto wegen des Regens vom Parkplatz vor die große Ausgangstür zu bringen. Ich soll ja nicht nass werden und mich erkälten. Dann fährt sie vor und ich frage mich beklommen, ob ich mein Versprechen erfüllen kann. Doch ich weiß, was ich kann und dass ich es um meines Seelenfriedens willen auch tun muss. „Na, dann los! Raus aus dem Rollstuhl!" Lisa steht vor mir und sieht mich fordernd an. Bei einem so energischen Appell kann ich unmöglich zurückziehen, berappele mich, lasse mir den Stock geben, schwanke und setze mich in Bewegung: Mit links beginnt es. Lisa will mich führen, was ich jedoch energisch zurückweise. Vor der ersten Schwelle der inneren automatischen Windfangtür überkommt mich Angst, die meinen Kopf und anschließend das linke Bein so blockiert, dass ich den Fuß zum nächsten Schritt nicht vom Boden hoch nehmen kann und fürchte, dass die Tür zuschlägt, bevor ich hindurch bin, und mich dadurch zu Fall bringt. So stehe ich und starre auf meinen linken Fuß. Das Bein beginnt wie ein Lämmerschwanz zu zittern und blockiert endgültig. Jetzt drängeln auch noch Menschen in den Türraum. Der Windfang zischt und schlägt noch beängstigender. „Wir haben so viel geübt, aber durch diese zischenden Monster sind wir nie spaziert!", geht mein leiser Vorwurf an die Adresse der Physiotherapeutinnen. Eine sanfte Berührung von hinten links und Lisas Stimme: „Na komm schon, niemand außer mir ist hier, der Weg ist frei, du schaffst das!", lösen die Blockade. „Halte bitte die Tür fest", murmle ich angstvoll. „Mache ich schon, geh' einfach los!" Reichlich unsicher und mit zitternden Knien geht es endlich weiter auf das nächste Hindernis zu. Der mit Teppichbelag ausgestattete Türraum, in dem die Klimaanlage oder Heizung laut rauschend und warm bläst, ängstigt mich aufs Neue. Der Wechsel des Fußbodenbelages ist tückisch. Auf glatten Böden, Fliesen, Stein oder linoleumar-

180

tigen Belägen kann der linke Fuß ein wenig korrigieren und leicht nachschleifen, ist er mal nicht exakt genug aufgesetzt. Auf stumpfen Textilbelägen bleibt er dagegen wie festgeklebt. Dort ist keine Korrektur möglich. Ist dazu der Oberkörper in seiner Bewegung schon weiter als der Fuß, verliert der gesamte Körper sein Gleichgewicht und kommt unweigerlich zum Sturz. Also bezwinge ich den Teppich im Türraum wie ein Storch: Füße immer möglichst hoch heben und das Gewicht darüber bringen, so schwer es auch fällt. Noch die letzte Tür und ich habe mein Versprechen eingelöst. Die schwere Arbeit hat sich gelohnt. Es ist mehr, als nur allein durch eine automatische Doppeltür zu gehen. Es sind meine ersten Schritte zurück in ein selbstbestimmtes Leben!

Die Heimfahrt kann ich auf dem Beifahrersitz meines Autos genießen. Lisa ist eine exzellente Fahrerin und chauffiert mich gut und sicher durch den Novemberregen. Zu meiner Überraschung kenne ich die Umgebung der Klinik noch aus meinen Kindheitstagen sehr gut. In der Nähe waren wir Jungs oft mit unseren Fahrrädern zum Baden unterwegs. Später hatten gute Bekannte in „meinem" Wald, dessen Wipfel mir so manchen Trost gespendet haben, ein großes Grundstück mit Datsche, wo ich, als junger Vater, mit meiner kleinen Familie so manche Bratwurst genossen habe. Die Landschaft veränderte sich durch den Bau der großen Klinik völlig. Das graue Funktionalgebäude steht mit seiner Alu-Glas-Fassade und dem wie abgebrochenen Turm hingeklotzt, fast drohend, auf einem künstlich aufgeschütteten Hügel. Ich kann es kaum fassen, wie ich auf den irren Gedanken kommen konnte, diese künstliche Landschaft und seine Abraumhügel mit einer Schweizer Almlandschaft zu vergleichen.

Die Fahrt ist interessant, hatte ich doch bei meiner Einlieferung im geschlossenen Krankenwagen nichts von hier mitbekommen. Ich schaue, als sähe ich sie zum ersten Mal und wünschte mir, so den ganzen Tag weiterfahren zu können, aber Lisa hat Hunger. Dann ist mit ihr nicht zu spaßen! Also, auf dem kürzesten Weg nach Hause! Dort angekommen heißt es: „Raus aus dem Wagen und auf ins Treppenhaus!" Jetzt wird sich zeigen, was ich gelernt habe. Schon bei der ersten Stufe bin ich einen Moment unkonzentriert und wäre beinahe nach rechts die Kellertreppe hinuntergestürzt. Lisa fängt mich im letzten Moment ab und bewahrt mich vor dem Sturz, der gewiss nicht ohne schlimme Folgen geblieben wäre. Jetzt eine böse Verletzung und die gesamte Reha wäre umsonst gewesen. Also konzentrieren und noch einmal von vorn! Lisa hat in die Zwischenstockwerke jeweils einen Gartenstuhl zum Ausruhen platziert, die ich aber nicht benötige. Da ich, mittlerweile 25 kg leichter und durch die physiotherapeutischen Übungen gestählt, gut in Form bin, steige ich „flott" und ohne weitere Unsicherheiten in einem Zuge bis zur Wohnungstür. Das macht mich stolz und glücklich. Zwar bereitet mir das Überwinden der Schwelle in unseren Korridor noch einige geistige Probleme, aber mit Lisas Hilfe schaffe ich auch diese Hürde und bin mit einem kleinen Stolperer in der Wohnung. Ein Blick in ihr Gesicht zeigt, wie erleichtert sie ist. Der Esstisch ist liebevoll gedeckt. Überall stehen Blumen. Sie hat sich sehr viel Mühe gegeben, mir ein liebevolles Willkommen zu bereiten. Es ist ein wunderbares Gefühl, geliebt zu werden. Ich bin überglücklich und zufrieden, eine weitere Chance für ein neues Leben erhalten zu haben. Das ist ein großes Geschenk!

Die nächsten drei Tage verträume und verschnarche ich. Beim Einschlafen zucken meine Gliedmaßen wie bei einem Hund, der selbst im Schlaf nicht von der Jagd auf die Katze lassen kann. Mein Schlafdefizit ist riesig. Ob im Sessel vor dem Fernseher oder auf dem Drehstuhl vor meinem PC – ich bin müde. Kaum dass ich mittags oder abends liege, bin ich auch schon eingeschlafen. Vor dem Schlaganfall dauerte meine mittägliche Schlafpause höchstens 30 Minuten, jetzt sind es zwei Stunden und mehr. Abends gehe ich zeitig zu Bett und stehe nach zehn- bis zwölfstündigem Schlaf nicht vor 8 Uhr morgens, meistens noch später und noch gehörig müde, auf. Ruhe, Schlaf und gutes Essen kann ich in diesen Tagen nicht genug bekommen. Lisa lässt mich gewähren.

Der Rollstuhl ist auf meinen Wunsch im Auto geblieben, so kann ich die Wohnung zu Fuß, aber mit dem Vierpunktstock erkunden. Von Zimmer zu Zimmer hinkend, suche ich „Pfade", die ich mir einprägen kann, damit ich auf ihnen ungefährdet durch die Räumlichkeiten komme. Jede Teppichkante, jede Türschwelle oder noch so flache Türschiene wie auch das Staubsaugerkabel oder eine andere Geräteschnur stellen für mich nahezu unüberwindliche Hindernisse dar, die ich erst einmal im Kopf bewältigen muss, ehe sich der linke Fuß überhaupt vom Boden löst. Lisa ist in diesen Tagen Gott sei Dank wie ein Schatten immer bei und hinter mir und bewahrt mich vor manchem Sturz. Es ist eine „paradiesische" Zeit! Nur manchmal denke ich in meinem Glück zurück an die Klinik und an einen älteren Herren, den ich dort kennengelernt habe; ein wahrer Sohn des Proletariats, wie er uns früher immer beschrieben worden ist: Von Beruf Gießer, mit rotblonden Haaren, hartem Gesicht und laut polternder Stimme, den man ähnlich wie unseren „Platon aus Bernburg", im ganzen Haus vernehmen kann. Dieser „harte Hund", wie er sich selbst gern bezeichnet, weint eines Tages jämmerlich. Er soll entlassen werden. In seiner Wohnung wartet niemand auf ihn. Keine barmherzige Seele da, die ihn versorgen oder ihm helfen kann. Durch den Schlaganfall bekommt er eine kleine, miserable Erwerbsunfähigkeitsrente, die kaum zum Leben reicht. Die Klinik ist ihm mittlerweile zum Zuhause geworden. Hier hat er sein Zimmer mit Fernseher und Bett – selbst für die Wäsche ist gesorgt. Er fand schnell Kumpels, mit denen er jeden Abend vor dem Klinikeingang stehend raucht. Dann wird bei mancher Flasche, die heimlich die Runde macht, erzählt und schwadroniert, wie an bestimmten Getränkekiosken in der Stadt. In diesen Runden ist er jemand. Seine laute, polternde Stimme übertönt alle anderen. Und dann wird er aus der Klinik verstoßen. Meine zarte Psychologin, die ihm das mitteilen muss, ist die „Böse". Der Sozialdienst der Klinik hat für einen Platz im Betreuten Wohnen, in unmittelbarer Nähe seines alten Zuhauses gesorgt. Ob das aber ein guter Ersatz für sein Leben vor dem Schlaganfall war?

Knack

Nach vier Tagen ist mein paradiesisches „Lotterleben" schon wieder vorbei, ich muss in die Tagesklinik, wo die Rehabilitation mit dem gleichen Programm und derselben Intensität fortgesetzt wird. Das ist kein Wunder, gehören doch beide Kliniken zusammen. Sogar das Mittagessen ist das gleiche, da es im Haupthaus gekocht und täglich in die Tagesklinik geliefert wird. Da bin ich ja schön vom Regen in die Traufe geraten und gleich wieder bedient. Einige der Therapeutinnen und Therapeuten sind mir bekannt, da sie oft den Samstagsdienst in der Mutterklinik als Vertretung übernehmen müssen. Meine jetzige Physiotherapeutin ist eine äußerst resolute, sportlich stabile Frau mit dem Charme einer strengen Sportlehrerin, die ich mir schon in der Rehaklinik selbst ausgesucht hatte, weil ich hoffte, sie würde es, resolut wie sie ist, schaffen, mich binnen kürzester Zeit sicher auf die Beine zu stellen. Die Befunde und Berichte über mich sind in den Computern der Ärzte vorhanden; alle wissen bestens Bescheid. Das erspart bürokratische Reibungsverluste oder Doppelungen von unwirksamen Therapieeinheiten. Ich fühle mich in der Tagesklinik heimisch, da natürlich auch die Therapie- und Trainingsmethoden die gleichen wie in der Rehaklinik sind.

7.30 Uhr in der Frühe ist Abfahrt von zu Hause und 8 Uhr beginnt der „Dienst". Der Rollstuhl muss mit. Allein kann ich noch nicht sicher laufen und Lisa mich nicht den ganzen Tag in der Klinik begleiten und schützen. Im Tages- und Warteraum angekommen, sehe ich viele bekannte Gesichter aus dem stationären Aufenthalt wieder und muss bedrückt zur Kenntnis nehmen, dass außer mir nur noch eine jüngere Frau im Rollstuhl sitzt. Im Aufnahmegespräch bitte ich die resolute Sportlerin in den folgenden Therapieeinheiten größten Wert auf die Verbesserung meines Gangbildes zu legen. Sie verspricht mir: „Weihnachten laufen Sie um ihren Christbaum." Das wäre in vier Wochen und bis dahin muss ich noch viel dafür tun. Aber heute finden erst einmal nur Vorstellungsgespräche bei der Ärztin und den Therapeutinnen statt. Die Psychologin, sicher eine attraktive Frau, ist nicht mein Typ: Immer eine Spur zu wichtig, derb, laut und wahrscheinlich auch noch alternativ, was um Gottes Willen nicht abwertend gemeint ist. Von unserem Gespräch ist mir nichts mehr in Erinnerung. Das Gleiche gilt für das Gespräch mit der Ärztin. Den Logopäden kenne ich noch aus der letzten Rehaphase, wo er befunden hat, ich sei kein Fall mehr für die Logopädie. Trotzdem soll ich am nächsten Tag wieder bei ihm antanzen. Zuletzt muss ich zur Ergotherapeutin, Frau Liebers, noch nicht ahnend, welche besondere Rolle sie in naher Zukunft für Lisa und mich spielen wird. Heute dürfen wir, nach Absolvierung meines Programms, schon mittags nach Hause. Ich bin froh, der „Folterhölle" wiedcr entrinnen zu können und verstecke mich zu Hause auf der bewussten Couch, wo ich vor Erschöpfung sofort einschlafe.

Am nächsten Morgen wird der Wochentherapieplan präsentiert. Er unterscheidet sich durch nichts von meinen Klinikplänen. Genauso vollgepackt: Täglich acht Therapien, kaum Zeit für eine Mittagspause und erst gegen 16 Uhr Feierabend. So komme ich mit Hin- und Rückfahrt locker auf zehn Stunden „Dienst" täglich. Seltsamerweise habe ich auch wieder Logopädie. Das wurde von dem Herren Logopäden nun doch für nötig befunden, obwohl mein Sprachvermögen fast völlig wiederhergestellt ist und mein Verstand kaum bemerkbaren Schaden, wie ich selbst einschätze, genommen hat. Anfangs spielen wir noch Memory und andere kindliche Wissens- und Merkspiele. Dann lehrt er mich das schöne, aber mir bis dahin völlig unbekannte Kartenspiel „Knack". Fortan vergnügt er sich damit, mich in dieser „Sportart" zu besiegen und mir zu beweisen, was mir in meinem bisherigen Leben als Gegenentwurf eines Spielers alles so entgangen war. Mein Allgemeinwissen wird durch den Logopäden, der Chemnitzer ist, auch um den Namen des „weltberühmten" sowjetischen Bildhauers und Erschaffer des Chemnitzer Karl-Marx-Kopfes erweitert. Der „Nischel", wie das monumentale Denkmal in Form des Philosophenkopfes von den Einheimischen genannt wird, war mir schon bekannt, aber dessen Schöpfer? Noch nie gehört! Aber jetzt kenne ich, dank des Knackspielers, seinen Namen: Lew Kerbel! Kerbel, wie das Gewürzkraut. Gut zu merken!

Mittlerweile ist es Winter mit Eis und Schnee. Verschwitzt komme ich aus der Physiotherapie, wo ich wieder einmal ordentlich geschliffen wurde, zur „Knack"-Logopädie. Triefend vor Schweiß sitze ich vor dem Schreibtisch meinem Gegenspieler gegenüber, der schon danach lechzt, mir eine knackige Niederlage beizubringen.

Die zu erwartende Schmach hinauszögernd, bitte ich ihn in aller Höflichkeit: „Darf ich bitte meinen Pullover ausziehen, ich rieche auch nicht." Er sieht mich überrascht und ein wenig verwirrt an, überlegt dann und gibt mir kurz und knapp formuliert Folgendes zum Nachdenken: „Herr Dr. Wendel, Sie sind hier in neurologischer Behandlung, Sie dürfen *alles*! Und wenn Sie draußen im Wartezimmer in die Ecke pinkeln, darf ihnen das niemand verbieten." Froh darüber, durch den stationären Aufenthalt in der Rehaklinik schon mental gestärkt und gefestigt zu sein, nehme ich den Spruch als das was er war: „Mist!" Das ist es doch, was mir noch zum stressfreien Leben gefehlt hat: Der Freifahrtschein oder auch Idiotenpass! Das kann es doch nicht gewesen sein, was mir zum Ende übrig bleibt.

Auch die laute Psychologin weiß offenbar nichts Rechtes mit mir anzufangen. Sie setzt mich in einem separaten Zimmer an einen PC, wo ich pausenlos passende Tasten zu Verkehrszeichen, die in einem bestimmten Tempo auf dem Bildschirm erscheinen, drücken muss. Habe ich die höchste Leistungsstufe 16 erreicht, drückt sie einfach auf die zehn zurück und ich beginne nochmals von vorn. Ich würde gern als Vorbereitung für einen eventuellen Wiedereinstieg in meinen Beruf Texte korrigieren, um Fehler oder Auslassungen und ihre Quote analysieren zu können. Schon bei meiner klugen Psychologin in der Rehaklinik, die sich immer sehr viel Zeit für mich genommen hat, musste ich feststellen, dass ich die meisten Fehler beim Korrekturlesen dank des Neglects im linken unteren Seitendrittel hatte. Endlich bekomme ich, was ich benötige: Der Text auf Endlospapier ist ein nur aus Nullen und Einsen bestehender Digitaltext ohne Absätze oder Leertasten. Da ich Digitaltexte nicht lesen, beziehungsweise übersetzen kann, ist die Aufgabe zwar langweilig, erfüllt aber meine Ansprüche: Ich muss nämlich jede Zahlenfolge „1010" herausfinden und markieren. Das erfordert viel Konzentration und duldet keine Ablenkung. So viele Fehler wie noch bei der Psychologin auf Station mache ich zwar nicht mehr, aber es reicht noch lange nicht für die fehlerlose Druckvorbereitung eines Textes. Vor dem Schlaganfall habe ich einige wissenschaftliche Fachbücher herausgegeben und andere selbst verfasst und weiß um die Anforderungen an eine ordentliche Textbearbeitung. Autoren oder Herausgeber schämen sich für nichts mehr, als orthographische oder fachliche Fehler in einem frisch erschienenen Buch bemerken zu müssen! Wenn ich schon, wie die Ärzte meinen, nicht mehr im universitären Lehrbetrieb arbeiten kann, würde ich gern nach Abschluss der Reha meine Publikationstätigkeit fortsetzen. Dafür muss ich viel üben und nach Möglichkeiten suchen, meine Korrekturen überprüfen zu lassen.

Sind kurzfristige Fortschritte im mentalen oder psychischen Bereich kaum sicht- oder fühlbar, lassen sich die Ergebnisse der Physiotherapie recht schnell erkennen. Die Therapeutin schleift mich im wahrsten Sinn des Wortes: Laufen, immerzu laufen, erstmalig nach zehn Tagen ohne Stock. Nach 14 Tagen bin ich den Rollstuhl los und laufe alles mit Begleitung und dem Normal- oder Einpunktstock, was mir gut gefällt. Zuhause stelle ich das Monstrum Vierpunktstock in die Ecke und rühre ihn nie wieder an. Auch der Rollstuhl wird eingemottet und letztmalig nach weiteren vier Wochen zur Beisetzung meiner Mutter, Anfang Januar, benutzt. Nun laufe ich auch in der Tagesklinik am Stock, mit und ohne Begleitung. Schon Mitte Dezember verzichte ich beim Gehen in der mir vertrauten Wohnung ganz auf das Hilfsmittel. Natürlich wackle und stürze ich noch manchmal, allerdings immer seltener. Jeder Sturz wirft mich, abgesehen von den Verletzungen, um Wochen zurück! Ich erleide einen Schock, die Stimme versagt wieder und die Angst wird größer.

Aus dem Spaziergang um den Christbaum wird nichts. Lisa hat ihn in eine Ecke ans Fenster gestellt und schön geschmückt. Ein Rundgang ist deshalb nicht möglich. Es reicht mir aber schon der ästhetisch anspruchslosere Erfolg, auch nachts selbständig aufstehen und ohne Stock allein zur Toilette gehen zu können. Das ist mehr, als einmal um den Baum zu laufen.

Meine stille Oase in der Tagesklinik ist die Ergotherapie. In der Physiotherapie geht es zumeist recht laut zu. Im Kraftraum klirren die Eisen, das Laufband rumpelt und die Ergometer surren. Nur ab und zu wird der Krach von lauten Kommandos übertönt, wenn ein Neurologiepatient wieder einmal nicht hören will oder kann. In manchen Pausen oder nachmittags, wenn der Patientenverkehr nachlässt, spielen die Physiotherapeutinnen und ihre Praktikanten unter ohrenbetäubendem Lärm Stubenhockey. Das rummst, poltert und kracht, der Fußboden bebt und das Kaffeegeschirr im Schwesternzimmer klirrt. Der Lärmpegel steigert sich analog zur Spiellänge und mit jedem Tor. Die Spielerinnen kreischen, quietschen und schreien in den höchsten Tönen. Ihr Torjubel ist so laut, als bestritten in einer großen Turnhalle zwei Schulklassen einen sportlichen Wettkampf. Nur durch eine Glaswand getrennt, dösen noch einige Patienten im Tagesraum müde und erschöpft vor sich hin und sind gereizt über so viel laute Lebensenergie, deren Lärmpegel einem Freibad voller Kinder zur Ehre gereichte.

Ich halte das physisch und psychisch nicht aus und stehle mich, möglichst ohne Aufsehen zu erregen, in die nächste Etage zur Ergotherapie davon. Beim Betreten der friedlichen Räume empfinde ich die dort herrschende Ruhe im wahrsten Sinne des Wortes als körperliche Wohltat, etwa wie ein beruhigendes kühles Bad am Ende eines schweißtreibenden, heißen Tages. Vielstimmiger Lärm ist für mich seit dem Schlaganfall wie Folter. So war das auch in der Rehaklinik, wenn ich im Rollstuhl in den großen Speisesaal einfuhr und das vielstimmige Reden und Lachen von allen Seiten zu ertragen hatte. Oftmals musste ich das Essen abbrechen, weil ich die Kakophonie körperlich nicht mehr ertragen konnte. Deshalb habe ich dort auch nie zu Abend gegessen und meine Anwesenheit im Saal auf ein Minimum an Zeit beschränkt.

Die stillen Ergotherapieräume sind das Reich der sanften, ruhigen und bescheidenen Frau Liebers, die unauffällig und lautlos über all die Kienäpfel und 06er Stahlmuttern herrscht. Bei ihr fühle ich mich wohl! Ihre Ruhe und Sanftheit geben mir Kraft und Sicherheit. Wir unterhalten uns viel und oft. Manchmal philosophieren wir auch ein wenig, wobei sie mir gesteht, weltanschaulich eher links zu ticken. Sie ist aber weder verbohrt fundamentalistisch noch flach und hört gut und genau zu, was ich als viel sprechender Hochschullehrer natürlich sehr zu schätzen weiß. Kurz und gut, die Stunden bei ihr gehören zu den erbaulichsten meiner zweiten Rehazeit. Sie beschäftigt sich mit meinem linken Arm, an dessen Fortschritte und Heilung sie fest glaubt. Natürlich habe ich sie gleich am Beginn über die ernsthaften atmosphärischen Störungen in meiner Beziehung zu ihm aufgeklärt. Immer wieder bittet sie darum, mich mit dem linken Arm, im Interesse seiner Heilung zu versöhnen und meine Ekel- und Hassgefühle abzubauen. Nein, sie beschäftigt mich nicht mit doofen Kienäpfeln oder 06er Stahlmuttern und lässt die schmerzende Hand nicht in einem der verhassten feuchtwarmen Kies- oder Kirschkernbädern herumwühlen, die meine Schmerzen eher befördern als lindern. Sie bittet mich, auf der Liege zu ruhen und bewegt meinen Arm, ohne dass ich hinschauen darf. Anschließend zeigt sie mir das Resultat ihrer Bemühungen. Es überrascht mich immer wieder und erfüllt mich mit Stolz, welche Position mein Arm schon einnehmen kann, ohne zu schmerzen. Sie gibt sich sehr viel Mühe und erfüllt ihren Job mit einer bewundernswerten, nie endenden Ruhe und Geduld. Bin ich zu Hause gestürzt, leidet sie mit.

Nach erneutem Sturz auf den linken Arm sagt sie voll des Mitleids, aber so bestimmt, wie nur sanfte und in sich ruhende Menschen sein können, zu mir: „Herr Wendel, nun reicht es! Ich habe so viel Kraft und Arbeit in ihren Arm investiert. Da Sie ihn nicht mehr wollen und ihn ablehnen, gehört er ab heute mir, ist von nun an mein Eigentum und wehe Sie stürzen noch einmal und verletzen ihn erneut, dann bekommen Sie es ernsthaft mit mir zu tun!" Mir schießt, während ich das höre, eine im Nachhinein fatale Idee durch den Kopf: „Dann müssen Sie mir aber auch gestatten, den Arm nach ihnen zu benennen. Sie sind ja ohnehin links. Das passt doch!" Sie stimmt zu und beide sind wir uns im Moment des Abschlusses nicht der Tragweite unseres Deals im Klaren. So also habe ich meinen einst gelähmten Arm, den ich vor einem halben Jahr noch aus dem Bett werfen wollte, nicht nur verschenkt, sondern viel schlimmer noch, verkauft und zur Adoption freigegeben. Jetzt habe ich den Salat: Ich verlasse die Ergoräume und habe fortan Frau Liebers am Hals, pardon, im Schultergelenk. Das muss ich erst einmal Lisa verklickern. Hoffentlich wird sie nicht eifersüchtig! Auf der Heimfahrt im Auto gestehe ich ihr schließlich: „Mein linker Arm heißt ab heute Frau Liebers." Sie bremst scharf, hält abrupt an und schaut mich völlig entgeistert an: „Wie bitte? Sag das noch mal!" „Mein Arm heißt ab heute Frau Liebers!" Ihre Fassungslosigkeit schlägt in pures Entsetzen über meinen Geisteszustand und danach in Mitleid um: „Ach, so! Na, wie du willst! Übrigens, bist du heute vielleicht auf den Kopf gefallen und hast Schmerzen?" „Nein!" „Dann musst du verrückt geworden sein!" Bis zum Abendessen herrscht Funkstille. Erst beim Salat fragt sie erneut nach: „Und du bist dir ganz sicher, dass du ab jetzt deinen Arm mit dem Namen deiner Therapeutin ansprechen willst?" „Ja, Sie hat auch nichts dagegen." „Übrigens", sage ich und streichle über meinen Arm, „Frau Liebers wird ab heute Nacht zwischen uns schlafen!" „Das auch noch!", stöhnt Lisa und lächelt. Jetzt hat sie es begriffen! Trotzdem muss ich bei ihr einiges wieder gutmachen. Die Gelegenheit kommt schon in der Nacht. Irgendwann wache ich auf und stoße im Halbschlaf auf ihre Hand, die ich streichle und küsse. Etwas ist ungewöhnlich, ihr fehlt der feine Vanilleduft. Ich mache Licht und sehe zuerst die fest schlafende Lisa, die mir ihren Rücken zuwendet. In meiner Rechten halte ich Frau Liebers an meinem Mund. Wie peinlich! Ich habe, ohne es zu bemerken, meine eigene Hand gestreichelt und geküsst. Die echte Frau Liebers war dagegen am nächsten Morgen einen Moment ziemlich konsterniert, als ich ihr in der nächsten Therapiesitzung ziemlich laut mitteilte, ich hätte sie in der Nacht geküsst. Sie nahm es mit einem Lächeln. Das war mehr und viel anständiger als in die Ecke des Tagesraumes zu pinkeln! Ein bisschen habe ich mich schon geschämt, aber ich bin ja in neurologischer Behandlung!

Spasmen

Meine Ausflüge in die Tagesklinik enden abrupt. Noch am Tag zuvor befanden es die Physiotherapeutinnen für notwendig, meinem linken Bein im Kraftraum besondere Aufmerksamkeit zu widmen. Kurzum, sie haben es an jenem Tage, wohl ohne zu wollen, überstrapaziert. In der Nacht beginnt es zu streiken: Es fängt mit einem Krampf im linken Wadenmuskel an, der an sich schon schmerzhaft genug ist. Aber der Krampf kriecht wie eine böse Spinne nach oben und erfasst bald den gesamten Oberschenkel und die linke Seite vom Po, deren Muskelstränge schnell zu Drahtseilen verhärten und mir unsagbare Schmerzen verursachen. Das Bein verkrampft zum Platzen, der gesamte Oberschenkel ist hart und gespannt. Er schmerzt bei der kleinsten Berührung oder Bewegung. Ich komme nicht mehr aus dem Bett heraus. Bei jedem Versuch, das Bein, und sei es nur minimal, zu bewegen, schreie ich vor Schmerzen. Lisa versucht verzweifelt, die Muskeln mit ihren Händen zu lockern. Sie reibt das Bein ein, um die Schmerzen zu lindern. Umsonst, nichts hilft. Es ist eine furchtbare Nacht. Der Krampf hält noch den gesamten folgenden Tag vor und wir müssen am Abend schließlich den Bereitschaftsarzt rufen, da meine Hausärztin nicht zu erreichen ist. Der Arzt vermutet eine Thrombose, was sich aber Gott sei Dank nicht bestätigt. Mein krankes Hirn hat die schmerzhaften Spasmen ausgelöst, die mein linkes Bein vollständig lahm gelegt haben. Aus meiner heutigen Sicht waren diese 24 Stunden die schmerzhaftesten während des gesamten Krankheitsverlaufes. Die Spritze des Arztes hilft jedoch schnell. Krampf und Schmerzen weichen sehr bald aus meinem Körper.

Den gesamten nächsten Tag bleibe ich im Bett. Die Anstrengungen haben mich ziemlich mitgenommen. Erst jetzt kann Lisa unsere Hausärztin erreichen. Seit dem Schlaganfall haben wir uns noch nicht gesehen. Sie hatte mich wegen des hohen Blutdrucks vor einem möglichen Schlag gewarnt und ich fürchte ihre Vorwürfe. Die Ärztin ist eine blonde, sportliche und jung gebliebene Endvierzigerin, die bei Hausbesuchen mit einem Rucksack auf dem Rücken, wie eine meiner Studentinnen als Backpacker in Down Under, vor unserer Tür steht. Ihre menschliche Anteilnahme überrascht mich: Aus keinem Satz, keinem Wort höre ich auch nur den Ansatz eines Vorwurfes heraus. Im Gegensatz zu anderen Ärzten, die ihren Triumph, es vorher schon gewusst zu haben, nicht verbergen können und äußern: „Wie konnten Sie nur? Sie hätten es mit ihrer Intelligenz doch wissen müssen!" Nein, sie ist nicht so, was sehr wohltuend ist. An diesem Abend unterhalten wir uns lange und ausgiebig. Wir beschließen, die Tagesklinik, die ich ohnehin nur noch drei bis vier Tage besuchen müsste, abzubrechen und die Physio- und Ergotherapie zu Hause fortzusetzen. Die Medikation wird nicht verändert, garantiert sie doch die normalen Levels von Blutdruck und allen anderen lebensnotwendigen Vitalwerten. Als Hochrisikopatient muss ich mich ohnehin einer ständigen fachärztlichen Kontrolle unterziehen. Neben der regelmäßigen allgemeinärztlichen und neurologischen Betreuung sind das insbesondere die ständige Funktionskontrolle von Stoffwechsel, Kreislauf, Herz, Lunge und Nieren. So viele Ärzte und Medikamente habe ich mein ganzes bisheriges Leben noch nicht ertragen müssen. Mit der Hausärztin komme ich gut zurecht. Wir besprechen auch die Möglichkeit einer erneuten Arbeitsaufnahme, denn die Krankenkasse möchte mich in Rente schicken. Jetzt bin ich nicht mehr Kranker unter Kranken, sondern muss als Schwerbehinderter unter Gesunden leben. Trotz Lisas Unterstützung werden meine Defizite deutlich sicht- und fühlbar. Die Ärztin schließt sich der Meinung der Neurologen an, dass ich nicht arbeitsfähig sei. Meine Konzentration, die ich für jeden Schritt, jede Handlung benötige, lässt schnell nach und ich werde noch zu oft abgelenkt. Schießt mir ein Gedanke durch den Kopf, muss ich stehenbleiben, um nicht das Gleichgewicht zu verlieren. Oft verharre ich im Türrahmen auf der Schwelle wie angewurzelt und verwehre Gästen, die ich eigentlich begrüßen möchte, den Zutritt. Umarmt mich bei der Begrüßung etwa Lisas Schwester Moni, wird mein Arm, Frau Liebers, eifersüchtig, krallt und grapscht sie schmerzhaft an den unmöglichsten Stellen. Es ist peinlich. Je länger ich zu Hause bin, umso mehr verfestigt sich mit Lisas Unterstützung auch bei mir der Gedanke, nicht fähig zu sein, meine Arbeit aufnehmen und wie vorher ausüben zu können. Das Aufmerksamkeitsdefizit ist für die Konzentration, die ich für eine 90-minütige Lehrveranstaltung benötige, zu groß. Außerdem hindert mich die Scheu am ungezwungenen, freien und selbstsicheren Umgang mit Menschen. Fremde in meiner unmittelbaren Umgebung irritieren mich bis hin zur panischen Angst. Das mühsam stabilisierte Gleichgewicht gerät dann so aus dem Lot, dass ich stürze. Bedingt durch den Neglect vergesse ich auch so manches Mal meine Kleidung auf der linken Seite zu ordnen, was Lisa immer wieder zu Lachanfällen veranlasst. Einmal wollte Frau Liebers, also mein Arm, ohne mich um Erlaubnis zu bitten oder davon in Kenntnis zu setzen, die Hand nicht vom Toilettenpapier lassen. So konnte sie den Anfang der Rolle unbemerkt mit dem Hemd in die Unterhose stopfen. Ich erscheine also nach dem Toilettengang wieder im Wohnzimmer und ziehe die kaum enden wollende, abgerollte Klopapierschlange hinter mir her. Lisa kann sich vor Lachen kaum beherrschen, macht mich aber nett darauf aufmerksam. Wie vor den Kopf geschlagen, habe ich anfangs noch keine Ahnung, wie mir so etwas passieren kann. Dabei hatte ich nur wieder einmal vergessen, meine Neglect-Seite zu kontrollieren. Ich brauche nicht viel Phantasie, mir diese Situation im Institut vorzustellen, wie ich die lange Klopapierschlange hinter mir herziehend, den Korridor entlang in den vollen Vorlesungsraum einmarschiere ...

Nein, bei aller Liebe, das geht wirklich nicht. Schließlich und endlich versagt mir beim lauten und deutlichen Sprechen nach relativ kurzer Zeit die Stimme. Dann bin ich wieder der Pate Corleone, den ich meinen jungen Studentinnen und Studenten gewiss nicht zumuten möchte.

Meine tolle Lisa ist unentbehrlich! Nicht genug, dass sie mich Tag und Nacht pflegt und unterstützt, sie muss alle Einkäufe tätigen, auch meine 15 verschiedenen Kapseln und Tabletten, die ich pro Tag benötige, aus der Apotheke holen und auf Tage und Einnahmezeiten verteilen. Da ich nur in Begleitung aus dem Haus gehen darf, chauffiert sie mich zu allen Terminen und Untersuchungen. Sie erledigt die gesamte Korrespondenz mit den vielfältigsten Behörden: Landratsamt, Kranken-, Renten- und Pflegekasse, Medizinischer Dienst, Arbeitgeber, Personalamt, Gehaltsstelle und so weiter. Der tägliche Kampf mit der überbordenden Bürokratie im Gesundheitswesen hätte mich selbst nicht nur völlig überfordert, sondern ich wäre wohl daran verzweifelt und gescheitert! Es ist mir unvorstellbar, wie alleinstehende, schwerbehinderte Personen, wie vielleicht unser Gießer, in diesem Gesundheits- und Rentendschungel erfolgreich bestehen können. Selbst ein Sozialhelfer kann gar nicht die Zeit und Geduld aufbringen, um zum Beispiel über zwei Wochen hin, Tag für Tag fünfmal und mehr, mit einer Institution irgendwo in Deutschland zu telefonieren und nie eine richtige Antwort zu erhalten. Da war meine Akte wochenlang verschwunden. Bei jedem Anruf andere Ansprechpartner, die einer vom anderen nichts wussten. Nicht nur einmal haben wir völlig falsche Auskünfte bekommen. Nahezu jeder zweite amtliche Bescheid verlangte nach Widerspruch. Die auszufüllenden Anträge waren ohne Zahl. Lisa hat sich sehr unbeliebt gemacht, war aber mit ihrer Hartnäckigkeit letztlich erfolgreich, während ich oft schon aufgeben wollte.

Seit meiner schweren Krampfnacht leide ich an schmerzhaften Spasmen, dauerhaften Muskelverspannungen und -krämpfen an der gesamten linken Körperseite. Im Oberschenkel ist es ein diagonaler Streckmuskel, der hart wie ein Stahlseil, die notwendigen Beugungen im Knie verhindert und dadurch natürlich das Laufen nicht schöner, aber zu einem schmerzhaften und mühsamen Vorgang macht. Ständig gegen die unwillkürliche, dafür umso festere Kontraktion der eigenen Muskeln „anlaufen" zu müssen, kostet nicht nur ununterbrochene Konzentration und Kraft, sondern bereitet auch Schmerzen. Im Sitzen schnipst das Bein ständig nach vorn, egal, ob da irgendetwas steht oder nicht. Eine Dauerbelastung des Beins ist nicht möglich. Ich ermüde schnell. Im linken Arm ist es der Beugemuskel, der den Arm nicht nur ständig an den Körper heranzieht, sondern auch den Unterarm nach oben beugt. Nachts steht er deshalb senkrecht im Bett. Dann kostet es mich viel Kraft, ihn wieder gerade zu biegen und hinzulegen. Wenn ich ihn im Bett ab und zu in Präsentierhaltung antreffe, erinnert er mich unwillkürlich an eine russische Bahnwärterin. Wenn ein Zug an ihrem Häuschen vorbeirast, präsentiert sie zum Zeichen für den ordentlichen Zustand der Strecke einen schmutzigen, um einen kurzen Holzstab gerollten roten Lappen, der sicher seit Puschkins Kaukasusreise nicht mehr gewaschen worden ist. Sie lümmelt dabei nicht etwa wie irgendein deutscher Bahnbeamter mit einer Bierdose in der Hand, liegend neben der Strecke herum. Nein, sie grüßt den Zug stramm militärisch und mit großer Würde, so als spiele sie zur Maiparade auf dem Roten Platz in Moskau eine zentrale Rolle. Meinem unglücklichen, stramm stehenden Arm fehlt für eine Anstellung bei den russischen Staatsbahnen außer mangelnden russischen Sprachkenntnissen nur die eingerollte rote Puschkinflagge.

Mein Arm, der Frau Liebers heißt, ist für jede Dummheit gut, sobald ich ihn aus den Augen verliere: Er lässt prinzipiell dort los oder hält fest, wo er nicht soll. So macht seine Hand die Türen zwar prinzipiell brav auf, aber auch sofort wieder zu, wenn meine Aufmerksamkeit schon dem Überschreiten der Schwelle gilt. So passiert es nicht nur einmal, dass mein Kopf gegen die Tür knallt, die Frau Liebers eben noch geöffnet hatte, aber nun überraschend wieder schließt. Ein feines Spielzeug ist unsere Badzimmertür, eine Schiebetür aus Glas mit großem Griff, in den Frau Liebers sehr verliebt ist. Wie so viele Frauen kann sie einfach nicht loslassen. Sie beschäftigt sich minutenlang mit dem Türgriff, indem sie die Tür folgsam öffnet, aber nur auf eine Ablenkung von mir wartet und schwupps, ist die Hand wieder unbemerkt am Türgriff und zieht zu. Dabei überholt mich die Tür und knallt mir gegen den Kopf.

Im Frühjahr will ich unbedingt versuchen, Auto zu fahren. In unserem Städtchen gibt es einen großen ungenutzten Parkplatz vor der Nachwende–Investruine eines Supermarktes der feineren Sorte. Lisa ist mit von der Partie. Schlank geworden, passe ich, besser als gedacht, hinters Lenkrad. Noch bei meiner Psychologin in der Rehaklinik habe ich die Psycho-tests für das Autofahren bestanden. Sie hatte mir aber wegen des Restneglects abgeraten, ein Auto zu führen. Zu meiner Überraschung parke ich unser recht großes Auto zentimeter-genau vorwärts und rückwärts in die Buchten ein. Kein Ne-glect macht mir zu schaffen. Lisa schaut sehr überrascht und ich freue mich, ihre aktuelle Alleinherrschaft über unser Auto bald brechen und wenigstens als Aushilfsfahrer bereit stehen zu können. Nur die Lenkung geht ein wenig schwerer als frü-her. Also fahre ich noch eine Kurve. Tatsächlich! Ich vermute fehlende Flüssigkeit an der Lenkhydraulik oder im Lenkge-triebe. „Lisa, was hast du denn mit der Lenkung gemacht, die ging doch immer leicht", werde ich ein wenig nervös. „Nichts. Was soll ich denn gemacht haben, die Lenkung ging eben noch leicht wie immer!" „Meine Güte, schau doch mal, wie ich mich in der Kurve mühen muss." Brav wie immer, schaut sie und fängt an zu lachen. „Sieh mal auf deine linke Hand! Ich glaube, Frau Liebers klammert wieder einmal." Tatsächlich: während ich mit rechts lenke, hält Frau Liebers, diese linke Person, das Lenkrad fest. Na, da brauche ich mich ja nicht mehr zu wundern. „Habe ich gleich", sage ich noch frohge-mut und bitte Frau Liebers das Steuer nur zu halten, also der Rechten zu helfen. Anscheinend liebt sie die Helferrol-le nicht, denn nun ist sie beleidigt. Jetzt brauche ich sie für den Blinker, aber sie ist weg, einfach verschwunden. „Lisa, wo ist denn meine linke Hand, Himmelherrgott, siehst du sie?" „Nein, aber die ist bestimmt irgendwo an deiner linken Sei-te." Panik ergreift mich – meine linke Hand ist wieder einmal verschwunden. Ich muss notgedrungen anhalten und erst ein-mal Frau Liebers suchen. „Immer Ärger mit den Linken und dazu noch einer Frau! Es ist zum Haare ausraufen!", schimp-fe ich vor mich hin. „Ich kann doch nicht auf der Autobahn bei 130 km/h einfach mal so anhalten, um erst meine linke Hand zu suchen, ehe ich den Blinker betätigen und überholen kann. Von komplizierten Situationen im Stadtverkehr ganz zu schweigen." Trotzdem, die Hand muss erst einmal her. Ich parke, so gut es geht und suche sie mit der gleichen Methode wie im Bett: Mit der Rechten taste ich von der linken Schulter nach unten und finde sie links hinten an der Sitzschiene, bereit sich vom Sitz beim Hinterschieben überfahren zu lassen! „Lisa, der Traum ist ausgeträumt", räume ich enttäuscht und traurig ein. „Autofahren kommt unter diesen Umständen überhaupt nicht in Frage," bin ich mir jetzt sicher, steige deprimiert aus und überlasse Lisa, wahrscheinlich für immer, wieder das Lenkrad.

Die Spasmen kann ich nicht beeinflussen, denn sie werden durch das zentrale Nervensystem gesteuert. Sie dehnen sich, oftmals von Kältereizen ausgelöst, auch auf die linke Gesichts-, Nacken- und Rückenmuskulatur aus. Die betroffenen Stellen schmerzen dann so stark wie bei einer schlimmen Rheumaerkrankung. Fällt mir beim Waschen meines Gesichts nur ein Tropfen kaltes Wasser vom Waschlappen auf den nackten linken Oberschenkel, so schmerzt das wie der Biss einer Tarantel. Berührt Lisa mit ihrer kalten Hand die bloße Haut der linken Körperseite, löst das einen so starken Schmerz aus, als verbrenne sie mich dort mit siedend heißem Öl.

Die Heimtherapeutinnen sind da! Die Physiotherapeutin ist eine kleine, temperamentvolle, lustige Endzwanzigerin mit einem flotten Mundwerk. Schon im Treppenhaus und noch vor der Begrüßung wiegt sie sich wie eine brasilianische Karnevalsprinzessin in ungeduldiger Erwartung der Therapiestunde in den Hüften. Sie hat wohl mal getanzt, was ihren gekonnten Schwung erklären mag. Vor nicht allzu langer Zeit hat sie eine vakante Praxis in unserem Städtchen übernommen, die sie mit viel Geschick und neuen Ideen erfolgreich führt. Wir laufen viel, steigen Treppen mit und ohne Stock, trainieren das Gleichgewicht durch gewagte Balanceübungen mit und ohne Ablenkungen. Da ich über eine Betonhüfte verfüge, müssen wir sie zum besseren Laufen beweglicher machen. Dabei erfolgt so manches Kommando, mit dem ich überhaupt nichts anzufangen weiß. Während ich an der Sprossenwand in ihrer Praxis stehe, die ich einmal in der Woche besuche, sagt sie doch zu mir: „Herr Wendel, tun sie mal ihre Hüfte runter!" „Hä?", ist das Einzige, was mir dazu einfällt. Ansonsten verstehen wir uns ganz gut. Ihrem Temperament angemessen, frotzeln und lachen wir sehr viel, was die Stunden erträglich macht. Sie bringt Frohsinn in unsere Wohnung.

Ganz anders die Ergotherapeutin, eine wahre Heilsbringerin mit einem großen mütterlichen Herzen, die ihren Beruf als soziale Mission versteht. Sie mag etwa zehn Jahre älter als die Physiotherapeutin sein. Ihr Temperament ist entsprechend gezügelter, das Auftreten würdevoller und im wahrsten Sinne des Wortes deutlich gewichtiger. Auch sie hat eine schöne neue Praxis mit viel Liebe und sicher noch mehr Geld eingerichtet, kommt aber zu uns zum Hausbesuch. Sie bringt zu jeder Stunde eine andere Praktikantin und allerlei Spielsachen in einem Korb mit. Ihre Art ist ergofundamentalistisch, ihr Berufsverständnis Helfen und Heilen: Meine Quittung, sprich Bezahlung, scheint ihr nicht so wichtig. In ihrem großen Herzen hat die ganze Stadt Platz. Gnadenlos überzieht sie ihre Stunden. Dabei redet sie nicht weniger als die Physiotherapeutin, nur anders. Sie plappert nicht nur, sondern erzählt viel aus ihrer Praxis, ihrem Leben, ihrer Familie, ihren sozialen Projekten, Kindergeburtstagen, den neuesten Klatsch und alles was in einer kleinen Stadt wichtig ist. Lisa hört immer ganz gebannt zu, wohnt sie doch länger als ich im Städtchen und kennt viele Leute. Ihre Therapien beginnen harmlos, aber irgendwie unkonventionell, um nicht zu sagen verrückt. So rückt sie zur ersten Stunde mit einer Tapeziertafel für Therapeuten an, einer zusammenklappbaren Liege mit Loch zum Luftholen. Nachdem sie diese aufgestellt und ich sie mühsam erklommen und mich auf den Bauch gedreht habe, kramt sie eine aus Kupferblech getriebene Schüssel samt Paukenstab aus ihrem Henkelkorb. Es ist eine sogenannte Klangschale, die angeschlagen, Schallwellen in Vibrationen umsetzt, die sich in meinem Körper fortsetzen sollen. „Oh weh, jetzt ist es passiert,“ denke ich mit dem Gesicht an das Guckloch der Liege gepresst. Noch vor drei Tagen hatte mich der Oberarzt vor „Wald- und Wiesentherapeutinnen da draußen“ gewarnt, die nur darauf warteten, mich in ihre Hexenfinger zu bekommen. Bis zum kleinsten Zeh muss ich nun im Sekundentakt Bericht erstatten, ob denn die Vibrationen dort auch gut ankommen. Um die gute Frau nicht zu enttäuschen, bezeichne ich ihr auch Stellen, wo sie gar keine Vibrationen erwartet und die nichts mit den Wellen zu tun haben können. Sie und ihre Praktikantin sind von mir als Klient und Medium begeistert. Aber das ist nur der Anfang! Jetzt widmet sie sich Frau Liebers. Arme Frau Liebers, was nun passiert, hätte sie nicht zu träumen gewagt. Die Therapeutin legt mir ihre Hände flach auf die schmerzenden Stellen, die Schulter, den Rücken und den Oberarm und sagt zu mir: „Nun atmen Sie mal in meine Hände.“ „Bitte wie, was?“ „Sie sollen in meine Hände atmen!“ „Wie geht das denn?,“ frage ich verschüchtert zurück, denn ich war mir eigentlich sicher: „Die hat sie nicht alle!“ und, „Lisa sollte sich in den nächsten Tagen unbedingt nach einer anderen Ergotante umsehen.“ Irgendwann aber werde ich müde und ihre Hände brennen auf Rücken und Oberarm. Jetzt erst kann ich mich auf ihre Hände konzentrieren und dorthin atmen. Es geht tatsächlich! Sie ist fertig – ich aber auch; liege wie betäubt da und der Schmerz im Oberarm – ist weg! Einfach und schlicht weg! Mehr weg geht nicht. Jener Schmerz, den kein Arzt und niemand sonst in der Rehaklinik ernst genommen hat und der mich seit fast einem halben Jahr ununterbrochen verfolgt. Dieser Schmerz, der meinen linken Arm daran gehindert hat, irgendetwas Produktives, Sinnvolles zu tun, hat sich einfach davon gemacht wie ein feiger Einbrecher. Er kommt auch nicht wieder. DAS ist ein Riesenfortschritt! Der linke Arm gehört endlich wieder zu mir, ich aberkenne ihm flugs seinen Künstlernamen und nehme ihn wieder als mein ureigenstes Körperteil und nicht mehr als Frau Liebers wahr. Arme Frau Liebers!

Nun ist der Weg frei für neue Fortschritte, der Schmerz behindert mich nicht mehr. Tatsächlich beteiligt sich der Arm von diesem Augenblick an vielen Aufgaben. Obwohl er noch immer für manche Dummheit gut ist, bewegt er sich besser und hilft seinem rechten Gefährten, wo er meint helfen zu müssen. Wir sind wieder halbwegs ein Team! So ganz traue ich ihm aber immer noch nicht!

Meine Fortschritte nach diesen Therapien sind nicht sofort sichtbar wie noch in der Rehaklinik, dafür aber nachhaltig. Es ist wie mit den Kindern. Die Eltern bemerken nur an deren Kleidung, wie sie wachsen, aber sonst kaum, weil sie jeden Tag mit ihnen zusammen sind. Kommt nach längerer Zeit ein Verwandter zu Besuch, kann er sich gar nicht genug wundern, wie sehr sie doch in die Höhe geschossen sind. Menschen, die mich längere Zeit nicht gesehen haben, staunen, wie sicher und gerade ich mit Stock laufen und wie gut ich den Arm bewegen kann. Ich fühle mich immer wohler beim Gehen durch

Einkaufspassagen, Kaufhäuser und Supermärkte, wohin mich Lisa mitnimmt, um mir die Angst vor den Menschen auszutreiben. Auch das Schieben der Einkaufswagen kann ich mittlerweile manchmal übernehmen, ohne dass sich der linke Arm beschwert. Als er noch Frau Liebers hieß, war er sehr zickig. Seitdem ihm der Schmerz genommen wurde, ist er so brav wie meine kleinen Enkelinnen. Natürlich hat er noch ab und zu ein kleines Böckchen und greift garantiert dorthin, wohin er keinesfalls sollte, weil es zu heiß oder anderswie gefährlich ist. Das lässt er mich aber erst merken, wenn alles schon zu spät ist und ich den Schmerz spüre.

So geht mein Leben nun als Rentner weiter. Die Folgen des Schlaganfalls verspüre ich täglich, auch wetterabhängig unterschiedlich schmerzhaft. Doch heute habe ich das Schlimmste wohl überstanden. Angst und Schmerzen sind zwar noch meine ständigen Lebensbegleiter, werden aber schwächer. Die Depressionen verflüchtigen sich langsam. Mit zunehmender Sicherheit werden auch die Stürze seltener. Wenn ich mal wieder aus dem Gleichgewicht zu geraten drohe, kann ich mich immer besser abfangen. Auch an die Therapeutinnen habe ich mich mittlerweile gewöhnt. Sie besuchen mich heute, nach zweieinhalb Jahren, immer noch dreimal wöchentlich und gehören schon fast zur Familie. Wir kommen gut miteinander klar. Ich habe gelernt, dass ein Wechsel von Therapeutinnen sinnvoll sein kann, denn jede vermittelt neue Impulse. Ihre Arbeit ist vielfältiger als sie in der spezialisierten neurologischen Rehaklinik sein kann, aber sie bauen ja auch auf den dort gelegten Grundlagen auf. Ich bin dankbar für den wieder gewonnenen Lebensmut!

Übermut

Heute ist ein wundervoller Herbstmorgen und schon ein wenig frisch. Die Bäume zeigen noch ihre bunte Schönheit wie vor Jahresfrist kurz nach meiner Entlassung aus der Rehaklinik. Lisa weckt mich. Ich bin fast schmerzfrei, also geht es mir gut. Die Nacht war störungsfrei und erholsam. Während ich frohgemut ins Bad zur Morgentoilette wackle, freue ich mich auf den PC und meine Arbeit. Gut gelaunt und übermütig ziehe ich mir wie automatisch das Oberteil meines Schlafanzuges gleich im Stehen über den Kopf. Normalerweise setze ich mich dazu hin und warte auf Lisa, um die Sturzgefahr zu mindern. Aber es ist endlich fast wieder einmal so wie vor dem Schlaganfall. Das Schlafanzugteil über dem Gesicht macht mich blind. Ich kann einen Moment nichts mehr sehen. Das Gleichgewicht kommt mir abhanden, ich strauchle, stürze krachend und kann weder erkennen wie, noch wohin ich falle.

Entsetzt, benommen und eingeklemmt zwischen Toilette, Waschbecken und Dusche liege ich erst einmal regungslos mit nacktem Oberkörper, aber den Kopf noch im Schlafanzug auf den kalten Fliesen. Lisa kommt hereingestürzt. Sie hat den lauten Knall gehört. Noch traumatisiert von früheren Stürzen ist sie sehr erschrocken. In ihrem Gesicht entdecke ich Angst. „Komm hoch, steh doch bitte auf, steh doch auf oder kannst du nicht?," zieht sie mich am Arm. „Nimm mir bitte erst den Schlafanzug vom Kopf!" Erst jetzt kann ich meine Lage vollständig erkennen. „Bitte steh doch auf, stütz' dich hier ab, komm' hoch!," zeigt sie auf den Badschemel und zieht verzweifelt, um mich hoch zu bekommen. Nach einigen vergeblichen Versuchen schwinden ihr und mir die Kräfte. Meine linke Hüfte und auch der Arm schmerzen wieder grässlich: „Es geht nicht, ich habe hier keinen Platz zum Aufstehen. Nimm bitte die Badematte, damit ich mich darauf wälzen kann und jetzt los!", krächze ich heiser, stimmlos. Ich wälze mich mit letzten Kräften auf die Matte. Sie schafft es, zieht mich auf den Korridor hinaus und holt einen Stuhl, auf dem ich mich beim Aufstehen abstützen kann. Endlich komme ich hoch. Sie hilft mir zur Couch, wo ich mich etwas erholen will, denn jede Stelle meines Körpers schmerzt. Ich bin sehr deprimiert und schockiert, kann kaum noch sprechen. Sie bettet mich, streichelt mich, küsst mein Gesicht und flüstert liebevoll: „Sei bitte nicht traurig, ruh' dich aus. Es wird alles gut! Wir schaffen das gemeinsam, hörst du? So wie wir bisher alles geschafft haben." „Ja," murmle ich, „gemeinsam," und kurz darauf, schon im Halbschlaf: „Gemeinsam."

Zum Autor

Michael Wendel wurde 1945 in Leipzig geboren. Vor seiner Erkrankung arbeitete er an der Martin-Luther-Universität Halle-Wittenberg als Projektleiter und Wissenschaftlicher Mitarbeiter. Von 1972 bis 2003 leitete er archäologische Ausgrabungen in Bulgarien, wo er auch 1997 zum Ehrenbürger der Stadt Chirpan ernannt wurde. Michael Wendel kann auf über 100 wissenschaftliche und populärwissenschaftliche Publikationen zurückblicken.